新潮文庫

蘇我氏の正体

関 裕二著

新潮社版

8711

はじめに

日本の歴史にはアンタッチャブルな領域が厳然と存在する。

しかも、今では、それがアンタッチャブルであることさえ忘れ去られるほど、歴史の奥深く、闇《やみ》の闇に封印されてしまったのである。

普通、歴史のタブーと言えば、それは当然「天皇」にかけられているものと考えるだろう。だが、本当のタブーは、「天皇」そのものではなく、「天皇」を傀儡《かいらい》にして甘い汁を吸ってきた一族にこそかけられていたのである。

もちろんそれが藤原氏であり、日本で最高の伝統と格式を誇る「華の貴族」の歴史の暗部を、かつて拙著『藤原氏の正体』（新潮文庫）の中で暴《あば》いて見せたのである。

天皇家のタブーとは、ようするに天皇家そのものにかけられていたのではなく、天皇家の「裏」にうごめく俗権力にかけられていたわけである。「聖なる帝」を操り、欲望の限りを尽くした藤原氏の実像こそが、語ってはいけないタブーだったのである。

しかし、この話には、まだ裏がある。じつを言うと、藤原氏が日本史最大のタブーであったわけではない。

では、「天皇」や「藤原氏」よりもアンタッチャブルな存在など、どこにいるというのであろう。

八世紀の藤原氏は、『日本書紀《にほんしょき》』を編纂《へんさん》し、真実の歴史を闇に葬《ほうむ》った。さらに政敵の正体を抹殺することで、天皇家や藤原氏の正統性と正当性を証明して見せていたのだ。すなわち、『日本書紀』が正体を抹殺し、悪役に仕立て上げたであろうかつての政敵こそが、「神秘化された天皇よりも、華の貴族・藤原氏よりも、探ってはいけないタブーを抱えた重大な一族」だったのではないかと思いいたるのである。

そしてもちろん、それが誰かと言えば、蘇我《そが》氏ではないだろうか。その証拠に、藤《ふじ》原不比等《わらのふひと》が編纂に大きな影響を及ぼしたはずの『日本書紀』の中で、蘇我氏の出自は湮滅《いんめつ》されている。出自をおおやけにしなかったのは、「分からなかった」からではなく、「分かっていた」からであり、だからこそ抹殺されたのだろう。歴史の敗者である蘇我氏が、もし仮に「賤《いや》しい出自の者ども」だったのならば、必ずや『日本書紀』はその正体を明かしたに違いないからだ。だが、『日本書紀』は、あえて「知らぬふり」を貫いて、蘇我氏の出自を隠匿《いんとく》した、ということになる。

では、蘇我氏とはいったい何者だったのだろう。

筆者はこれまで、邪馬台国《やまたいこく》とヤマト建国の歴史を再現することに精力を注いできた。

そしてようやく、蘇我氏の恐るべき正体に行き着いたのである。彼らこそ、ヤマト建国時の日本の大王家であった。そして、さらに、ヤマトの大王家の歴史には、「裏の裏」が隠されていたことに気づいたのである。

蘇我氏の正体は、これまでまったく明らかにされてこなかった。なぜこれほど重要な氏族の正体がはっきりしなかったのかと言えば、それは、藤原氏が全精力を注ぎこんで蘇我氏の正体を抹殺してしまったからだろう。蘇我氏の正体が露見すれば、藤原氏の正当性は根底から否定されてしまうからである。

だが、二十一世紀にいたり、ようやく彼らの正体は、明らかになろうとしているのである。

われわれは、われわれの誇るべき歴史と、「蘇我」という輝かしい氏族の活躍を、今取り戻そうとしているのである。

蘇我氏の正体を、探っていこうと思う。

目次

第四章　天日槍と武内宿禰の謎　171

図版作成　アイブックコミュニケーションズ
写真撮影　梅澤恵美子・関　裕二

蘇我氏の正体

第一章　蘇我氏の「悪行」と乙巳《いつし》の変

蘇我入鹿《そがのいるか》暗殺（乙巳の変）の現場

皇極《こうぎょく》四年（六四五）六月十二日、この日、日本の歴史は暗転する。蘇我入鹿が暗殺されたのである。

蘇我入鹿といえば、史上稀《まれ》に見る悪党として名高い。だが、このような勧善懲悪の世界を、これまで誰も疑ってこなかったことこそ、精神の怠慢といって差しつかえない。『日本書紀』の記述は、一方的な勝者の言い分であることを、われわれは軽視しすぎたのだ。

では、どこがどのようにつくられた勧善懲悪なのか、『日本書紀』の言い分を、しばらく追ってみよう。

さて、かねてから蘇我入鹿暗殺計画を練っていた中大兄皇子《なかのおおえのみこ》や中臣鎌足《なかとみのかまたり》は、三韓《さんかん》（高句麗《こうくり》・百済《くだら》・新羅《しらぎ》）がこの日そろって進調するという絶好のチャンスを見逃さなかった。蘇我倉山田石川麻呂《そがのくらやまだいしかわのまろ》に上表文《じょうひょうぶん》を読み上げさせれば、蘇我入鹿も気を許し、帝の御前《ごぜん》に姿を表さないわけにはいかないだろう……。そう読んだのである。

当日居合わせた蘇我派の皇族といえば、皇位継承候補の古人大兄皇子《ふるひとのおおえのみこ》ただひとり。

すでに計画は成功したようなものだ。

けれども中臣鎌足は、蘇我入鹿の警戒心が強く、昼も夜も剣を手放そうとはしないことを知っていた。そこで俳優《わざおぎ》に策を授けておどけさせると、入鹿は笑って剣を手渡し、座に着いた。

いよいよ蘇我倉山田石川麻呂が皇極天皇の前に進み出て、三韓の上表文を読み上げ始める。

中大兄皇子は兵に命じてすべての門を閉めさせると、長い槍《やり》をとり、大極殿《だいごくでん》の脇《わき》に身を隠した。中臣鎌足（『日本書紀』には、この場面では中臣鎌子《かまこ》とある）は弓矢をもち、援護の準備をする。海犬養連勝麻呂《あまのいぬかいのむらじかつまろ》に命じて箱の中の剣を暗殺の実行犯役の佐伯連子麻呂《さえきのむらじこまろ》と葛城稚犬養連網田《かづらきわかいぬかいのむらじあみた》に授けさせ、また、「ゆめゆめ油断するなよ。不意を突いて斬《き》りかかれ」と激励した。だが子麻呂らは、恐怖心で嘔吐《おうと》してしまった。

ここでもうひとつトラブルが起きる。上表文をもうすぐ読み終えてしまうというのに、子麻呂らがぐずぐずしていて計画通りに進んでいない様子を察した蘇我倉山田石川麻呂は不安になり、汗だくになってわなわなと震えだした。

怪しんだ入鹿が、

「どうして震えている」

と問いただす。蘇我倉山田石川麻呂は、

「帝のおそば近くに侍《はべ》って恐縮し、不覚にも汗が流れたのです」

と、何とか取り繕った。

中大兄皇子は、子麻呂らが入鹿の威に圧倒されてためらっている様子をみて、「やあ」と大声で気合いを入れ、ともに入鹿の隙《すき》をついて剣で頭と肩を切り裂いた。驚いた入鹿が立ち上がると、子麻呂はすかさず剣を振り回し、入鹿の足を払った。

皇極天皇の前に倒れ込むように転がった入鹿は、必死に訴えた。

「まさに、皇位にあらせられるべきは天子様です。いったい私に何の罪があるというのでしょう。どうか、お調べいただきたい」

女帝は大いに驚き、息子の中大兄皇子に問いただした。

「なぜあなたはこのようなことをしでかしたのか。いったい、何があったというのですか」

すると中大兄皇子は地べたにつっぷして、次のように申し上げた。

「蘇我入鹿は王族を滅ぼして、天位を奪おうとしているのです。どうして天孫《あめみま》を入鹿に代えられましょうか」

すると皇極天皇は、観念したのか、その場から立ち去っていった。子麻呂らは、この機を逃すまじと入鹿に斬りかかった。入鹿の屍《しかばね》は、筵《むしろ》や障子《しょうじ》で覆《おお》われ、雨で水浸しになった庭に捨て置かれた。

蘇我氏がくり広げた専横の数々

これが乙巳の変（大化改新《たいかのかいしん》）の蘇我入鹿暗殺場面である。多武峰《とうのみね》の談山《たんざん》神社（奈良県桜井市）には、入鹿暗殺にまつわる有名な絵巻がある。中大兄皇子らに斬りつけられた入鹿の首が胴体から切り離され、女帝めがけて飛んでいったという壮絶な場面を描いた代物《しろもの》だ。乙巳の変の入鹿暗殺の話になると、かならず本の挿絵《さしえ》になっている。

この蘇我入鹿暗殺は、古代史最大のエポックとして知らぬ者がいない事件である。天皇家をないがしろにし、専横をくり広げていた蘇我本宗家《ほんそうけ》がここに滅びた。そして、新たな社会の構築という理想に燃えた中大兄皇子と中臣鎌足の尽力によって、大化改新という「行政改革」が成し遂げられたわけである。誰もが拍手喝采《かっさい》をおくらずにはいられないであろう。

それでは、なぜ「蘇我は悪」と誰もが信じて疑わないのであろう。それはもちろん、古代史の根幹の資料となる正史『日本書紀』に、蘇我氏の悪行の数々が記録されていたからにほかならない。

その代表的な事件のひとつが、崇峻《すしゅん》五年（五九二）の崇峻天皇弑逆《しいぎゃく》事件であろう。蘇我氏はあろうことか、在位中の天皇を殺《あや》めてしまったのだ。

この事件にまつわる『日本書紀』の記述には、数々の不自然な点が隠されていて、捏造《ねつぞう》であった疑いも強いのだが、ここは百歩譲って、仮に事件が『日本書紀』の通りだったとすれば、蘇我氏はヤマトの王家を乗っ取ろうとしていた疑いが強いわけである。そして、こののち、蘇我氏の野望を証明するかのような事件が起きている。それが聖徳太子《しょうとくたいし》の子や孫たちを追いつめた、上宮王家《じょうぐうおうけ》滅亡事件である。

乙巳の変の入鹿暗殺の場面で、中大兄皇子は「蘇我入鹿は天孫を滅ぼそうとした！」と責めたてているが、これは具体的には、山背大兄王《やましろのおおえのみこ》一族（上宮王家）滅亡事件をさしていた。

山背大兄王の父・聖徳太子は、摂政《せっしょう》として辣腕《らつわん》を振るう皇太子だった。また、山背大兄王は蘇我氏の全盛時代に「蘇我」の強い「血」を負って生を受けていたから、推《す》古《い》三十六年（六二八）の推古天皇の崩御《ほうぎょ》（崩御とは天皇が亡《な》くなられること）ののち、有力な皇位継承候補としてノミネートされたわけだ。

ところが、蘇我蝦夷《えみし》の後押しを得た田村皇子《たむらのみこ》が皇位をさらい即位。第三十四代舒明《じょめい》天皇が誕生した。

山背大兄王はやむなく、次期皇位継承候補として暗躍するが、舒明天皇亡《な》き後、皇后の宝皇女《たからのひめみこ》が即位してしまった。皇極天皇の誕生である。こうして山背大兄王はふたたび皇位から遠ざかった。

このような折も折、蘇我蝦夷と入鹿の親子の専横ぶりは、次第にエスカレートしていったようだ。『日本書紀』皇極元年（六四二）の是歳《ことし》の条には、それらしい事件が、続々と起きていたことが記されている。

まず、蘇我蝦夷は自分の祖廟《そびょう》を葛城の高宮《たかみや》に建て、また、八佾《やつら》の舞を行ったという。ここにある「祖廟」も「八佾の舞」も、本来なら天子や皇帝にのみ許された行為であり、臣下の蘇我氏が取るべき行動ではない。

さらに蝦夷は次のような歌を詠《うた》ったという。

大和《やまと》の　忍《おし》の広瀬《ひろせ》を　渡《わた》らむと　足結《あよひ》手作《たづく》り　腰作《こしづく》らふも

この歌の意味は、大和の葛城の忍海《おしみ》の曾我川《そががわ》の広瀬を渡ろうと、足紐《あしひも》を結び、腰帯をしめることだ……というもの。

すなわち、蘇我の本拠地から軍を押しだし、天下を取ろう、という暗示にほかならないとされている。

蘇我本宗家の暴走は、これにとどまらなかった。一八〇にのぼる部曲《かきべ》（豪族の私有民）を徴集し、蝦夷と入鹿の大小二つの陵《みささぎ》を造営した。また、このとき上宮王家の乳部《みぶ》の民（皇子の養育係）を勝手に使役したために、上宮大娘姫王《かみつみやのいらつめのみこ》（聖徳太子の娘か？）は憤慨し、

「蘇我は国政をほしいままにし、無礼を働いた。天に二つの太陽はないように、国に二人の王はいない。どうしてそれなのに、勝手にわれわれの部民《べみん》を使うのか」

といい、蘇我を恨んだという、このことが、のちに蘇我蝦夷と入鹿滅亡の遠因になったと『日本書紀』は記している。

そしてあろうことか、蘇我入鹿は聖徳太子の子や孫（上宮王家）を滅亡に追い込んでしまうのである。

上宮王家滅亡の結末

事件のあらましは以下の通りだ。

皇極二年（六四三）冬十月六日。蘇我大臣蝦夷《そがのおおおみ》は、病と称して出仕しなくなった。そして、勝手に紫冠《むらさきのこうぶり》を子の入鹿に授け、大臣の位についたように擬したという。すなわち、天皇の許可を得ることなく、勝手に人事を行った、ということになる。

大臣の位を手に入れた蘇我入鹿は、ここから暴走する。

蘇我系の皇族・古人大兄皇子を擁立しようと考えていた蘇我入鹿は、山背大兄王が邪魔になり、十一月、巨勢徳太臣《こせのとこだのおみ》や土師娑婆連《はじのさばのむらじ》らを山背大兄王の住む斑鳩宮《いかるがのみや》に遣わし、不意打ちにしたのである。

激しく抵抗した山背大兄王だったが、多勢に無勢。やむなく馬の骨を寝殿に投げ置き、妃《きさき》や子弟らを率いて隙をついて生駒山《いこまやま》に逃れたのだった。

巨勢徳太臣らは斑鳩宮に火をかけ焼いてしまった。灰の中に骨をみつけると（馬の骨）、山背大兄王は亡くなられたのだと思い、兵を引いた。

いっぽううまく逃れることができた山背大兄王だったが、食べることも飲むこともできず、進退窮《きわ》まった。

付き従ってきた三輪文屋君《みわのふみやのきみ》は山背大兄王に、次のように進言した。

「どうか深草屯倉《ふかくさのみやけ》（京都市伏見区。秦《はた》氏の地盤でもある）に移られ、そこから東国に馬で逃れて下さい。乳部の兵を率いてもどってこられれば、勝利は間違いありません」

だが山背大兄王は、首を縦に振らなかった。

「お前の言うとおりにすれば、勝つのは分かっている。だが、私は十年の間、人民を使役しないでいようと考えている。それに自分一身の都合のために多くの人を苦しめることになってしまう。また、後の世に、私のために父母を奪われたと語り継がれたくはない。戦い勝つことだけが丈夫《ますらお》（立派な男子）なのではなく、身を捨てて国を固めることも、立派な丈夫ではないだろうか」

こうして山背大兄王は、挙兵の進言を退けたのである。

いっぽう蘇我入鹿のもとには、山背大兄王が山中に隠れているという報告が入った。そこで入鹿は、生駒山に兵を繰り出し捜索したが、山背大兄王らは見つからなかった。じつは山背大兄王は、一族郎党を率いて、斑鳩寺（すでに焼け落ちた斑鳩宮の脇にあった）にもどってきていたのだった。

山背大兄王の動きを察知した入鹿の軍勢は、すぐに斑鳩寺を包囲した。

山背大兄王は兵士らに向かって次のように告げている。

「ここで兵を挙げ入鹿を討伐すれば、かならず勝てる。しかし、私の一身上の都合で、

『日本書紀』が記述した蘇我氏の“悪行”

上宮王家滅亡事件

聖徳太子の息子である山背大兄王《やましろのおおえのみこ》を滅亡に追い込む ← 蘇我入鹿の命により挙兵

蘇我蝦夷《そがのえみし》・入鹿《いるか》父子の専横

自らの子女を「王子」と呼ぶ

甘樫丘の自宅を城塞化

↓

蘇我氏は王家乗っ取りを謀る

↓

「乙巳の変」の正当化の背景

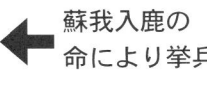

人びとを殺したくはない。だから、我が身ひとつを入鹿にくれてやろうと思う」

そういって、一族（上宮王家）そろって、首をくくり亡くなられたのだった。

このとき、五色《ごしき》の幡蓋《はたきぬがさ》（幡と蓋。蓋は貴人にさしかける絹で織った傘）がたなびき、伎楽《ぎがく》（天女《てんにょ》の仕業ということだろう）が舞われ、斑鳩寺の一帯は光り輝いたという。人びとは仰ぎ見て嘆き、また入鹿に見せてやろうとしたが、入鹿が見やると、幡蓋はたちまち黒い雲になってしまったという。

ここまでが、『日本書紀』に記された山背大兄王（上宮王家）滅亡事件の経過である。この事件を知り、入鹿の父蝦夷は驚き、入鹿の凶行を罵《ののし》り、「お前の前途も怪しくなった」と嘆いたという。

蘇我氏の横暴と高まる反発

上宮王家を滅亡に追い込んだという、あってはならぬ事件に、当然反発も出てきたということであろう。『日本書紀』の皇極三年（六四四）十一月の条には、飛鳥《あすか》の緊迫した雰囲気が伝わってくる記事が残されている。

蘇我大臣蝦夷と子の入鹿が甘檮岡《あまかしのおか》にそれぞれ家を建てた、という記事だ。蝦夷の家を「上《うえ》の宮門《みかど》」といい、入鹿の家を「谷《はさま》の宮門《みかど》」と呼んだ。

このような家の呼び名にも、蘇我氏の専横がよくあらわれているが、彼らはその子女をさして「王子《みこ》」と呼んだという。

また、家の外には柵《さく》を築き、門の脇には武器庫をそなえた。すべての門に水を入れた舟（用水桶《おけ》）を用意し、火災に備えた。常に武器を携えた強力《ごうりき》の人に警備させた。

さらに畝火山《うねびやま》の東に家を建て、池を掘って砦《とりで》にして、武器庫に矢を集めた。

蘇我蝦夷は常に五十人の兵士に囲まれ、身辺を警護させて出入りしていた。また、東漢《やまとのあや》氏らがみな、この二つの宮門に侍ったという。

ここにある甘檮岡（甘樫丘）は、蘇我氏の飛鳥での本拠地で、法興寺《ほうこうじ》（飛鳥寺《あすかでら》）とは「槻《つき》の木の広場」をはさんで向き合っている。これらの記事から、専横を極めた蘇我本宗家に対し、不穏な空気が流れ始めていた様子が伝わってくる。そしてこれから約半年後に、乙巳の変の入鹿暗殺は決行されるわけである。

熊谷公男《くまがいきみお》氏は、『大王から天皇へ　日本の歴史　03』（講談社）の中で、父子がここまでピリピリしていたのは、独裁体制を敷きながらも、周囲から孤立し、敵が多くなっていたことをものがたっている。クーデターは間近にせまっていた。

と、『日本書紀』の文面の印象を、そのまま素直に受け入れている。もちろん熊谷氏は、乙巳の変の根本的な原因のひとつに社会制度の疲労を挙げているのだが、これも『日本書紀』の描いた図式にほかならない。

入鹿を称《たた》える入鹿神社の謎《なぞ》

だが、本当に蘇我氏は、『日本書紀』のいうような、極悪非道な一族だったのだろうか……。フトこんな疑念が浮かんだのは、昔、奈良県橿原《かしはら》市小綱《しょうこ》町の大日如来坐像《だいにちにょらいざぞう》を祀《まつ》る大日堂（普賢寺《ふげんじ》）を訪ねたときのことだ。境内には小さな祠《ほこら》があって、そこが通称「入鹿神社」と呼ばれるもので、祭神《さいじん》は、出雲神《いずもしん》・スサノオと乙巳の変で殺された蘇我入鹿である。

この地域から西に向かうと、かつての蘇我氏の強い地盤であった「曾我《そが》」の集落があって、橿原市曾我町には、宗我坐宗我都比古《そがにますそがつひこ》神社が鎮座する。祭神は曾我都比古と曾我都比売《そがつひめ》である。

こちらの神社も、地元の人たちから「入鹿の宮」と呼ばれていて、このあたり一帯が蘇我入鹿と深い因縁でつながっていた可能性を示している。
問題は、入鹿神社の周辺の街道筋に建てられたいくつもの石の標識である。そこには、「蘇我入鹿公御舊（旧）跡」の文字が刻まれている。蘇我入鹿が屋敷を構えていたという伝承が、この一帯に残されているのである。
門脇禎二《かどわきていじ》氏は『蘇我蝦夷・入鹿』（吉川弘文館）の中で、入鹿神社について、次のように記している。

『日本書紀』に悪逆ぶりを記された入鹿であるのに、邸宅の伝承と神社が存しつづけたことは、それだけで無視し難い気がする。そういえば、石鳥居にもどこにも入鹿神社の社名を示す文字も標識も何一つ無いことが、かえって、後世になっても入鹿を祀りつづけることへの憚《はばか》りを思わせるのである。

たしかにそのとおりなのだが、この一帯の人びとは、憚りを感じつつも、入鹿に対する畏敬《いけい》の念を抱き続けてきたのではないかと思える節がある。「蘇我入鹿公」の「公」、そして、「御舊跡」の「御」の二文字に、曾我や小綱の集落の人びとの、蘇我入鹿に対する「敬意」を感じずにはいられないからである。

少なくとも、学校の教科書が教える悪人としての蘇我入鹿像をそのまま信じていないことだけは、たしかであろう。

筆者がはじめてこの地を訪れ、この石標に出会ったときの驚き……。ひょっとして蘇我入鹿という人物は、一般に信じられているような「悪人」ではなかったのではないか、という感慨が、フト浮かんだのである。

もちろん現代でも、有罪判決を受けた国会議員が、「ミソギ」と称して再選を果たす、という事態が起きるように、蘇我の地元での蘇我に対する「支持表明」を発見したからといって、取り立てて騒ぐほどのことはないのかもしれない。だが、少なくとも、筆者の心の中で、「蘇我は本当に悪なのか」という疑念が芽生えたのは事実であった。今から二十年も前の話だ。

見直されつつある蘇我氏の業績

ところで、この原稿を書いている最中、フト田村圓澄《えんちょう》氏の『藤原鎌足』(塙新書)を手に取ったら、件《くだん》の石標について、興味深い記事をみつけた。以下引用する。

太平洋戦争中、県道傍の「蘇我入鹿公御旧跡」の石碑が、当局の命により、強制的に撤去せられた。入鹿の旧跡としての確かな史実の裏づけがない、ということのほかに、いたずらに人心をまどわす、というのが、その時の理由であった。

すなわち、あの石標は、すでに戦前から県道の脇《わき》に立てられていたわけだ。そして強制撤去された石標は、戦後、集落の人びとによってわざわざ元に戻されたわけである。

いったい、なぜ小綱の人びとは、「蘇我入鹿」にこだわりをもつのだろう。

先の『藤原鎌足』には、さらに興味深い事実が記されている。それは、入鹿神社のある小綱の集落の人たちは、けっして多武峰の談山神社には参拝せず、また、多武峰の人たちとは仲が悪く、絶対に縁組みをしないというのだ。なぜそうなのかといえば、談山神社で祀られているのは、蘇我入鹿を殺した中臣（藤原）鎌足だからである。

さらに、小綱の西隣の曾我の集落では、曾我川下流域の「百済（北葛城郡広陵《こうりよう》町百済）」の集落と仲が悪い。これも小綱の事情とよく似ていて、「百済」が中世以降談山神社の所領になったことが原因らしい。

このような話を聞くと、われわれはつい、「蘇我の逆恨み」「妄執《もうしゆう》」と笑殺しがちである。だが、もうひとつ、かねてより気になることがあった。

それが、飛鳥寺（法興寺）大仏殿《だいぶつでん》の西側の畑の中にぽつりと残された、入鹿の首塚（五輪塔《ごりんとう》）のことなのだ。

伝承によれば、板葺宮大極殿《いたぶきのみやだいごくでん》で殺された蘇我入鹿の首が、ここまで飛んできたとか、またはこの場所に入鹿の屍を埋めたとされている。定かなところは分からぬが、入鹿の首塚の場所が、かつての法興寺の最大の門（西門）のあとであったこと、ここが法興寺から甘樫丘に通じる重要な「蘇我の路《みち》」だったところが妙にひっかかる。

そして問題は、この入鹿の首塚に、今でも毎日、野の花が手向《たむ》けられていることなのである。この些細《ささい》な出来事も、見逃すことはできない。

この、意外な地元での「入鹿人気」をどう考えればいいのだろう。専横をくり広げていた蘇我氏に、はたして微塵《みじん》でも「正義」はあったのだろうか。

そこであらためて考えてみると、蘇我氏が悪党であったという主張は、『日本書紀』の記述なのであって、すなわち、歴史の勝者の一方的な言い分であったことに気づかされる。すなわち、見事な勧善懲悪の世界であるならばなおさらのこと、『日本書紀』の記述を信じていては、本当の歴史を再現することはできないであろうことに、われわれははやく気づくべきであった。

とはいっても、敗者となって滅亡していった蘇我本宗家を弁護する資料は、跡形もなく消えてしまったのだろうから、『日本書紀』の記事をいかに検証していけばいいのか、途方に暮れるばかりである。

ところが近年、「蘇我＝悪」というこれまでの常識に、いくつかの疑問が提出されるようになっている。

なぜこれまでの考えとは逆の意見が飛び出すようになったのだろう。

蘇我本宗家が中大兄皇子や中臣鎌足に滅ぼされた最大の原因は、無実の山背大兄王を滅亡に追い込み、天皇家をないがしろにしたことだったが、もうひとつ、蘇我氏が改革事業の邪魔になったことが大きな意味を持っていると『日本書紀』は証言する。

すなわち、七世紀のヤマト朝廷の疲弊は、旧態依然としたシステムによって利権を享受《きょうじゅ》していた輩《やから》がのさばっていたからと、これまでは考えられていた。もちろん、その中の親分格が蘇我氏、ということになる。

また、聖徳太子がはじめたヤマト朝廷の近代化政策は、豪族層から土地や私有民を取りあげ、人びとに公平に富と農地を分配しようというものであったから、既得権をかざして蘇我氏が反発していたと考えられていたのだ。

だからこそ、蘇我入鹿暗殺ののちに中大兄皇子らの手で「大化改新」が成し遂げられたという図式が信じ込まれていたのだ。

ところが、どうやら蘇我氏こそが、改革事業の先頭に立っていたのではないか、という疑いが強くなってきたのである。

律令《りつりよう》制度の基礎を築いたのは蘇我氏？

なぜこれまでの常識が覆《くつがえ》されようとしているのだろう。蘇我氏は本当に律令制度導入の邪魔になったとする『日本書紀』の記述は嘘《うそ》だったのか……？

そこでまず注目すべきなのは、六世紀にはじめられた「屯倉《みやけ》制」なのである。

もっとも、いきなり屯倉制と言いだしても、頭がこんがらがってしまうだけだろうから、ヤマト朝廷発足時からの政治体制というものをここで簡単におさらいしておこう。

ヤマト朝廷のシンボルは前方後円墳《ぜんぽうこうえんふん》で、三世紀の半ばにヤマト盆地に出現し、その後あっという間に九州から東北南部にまで伝播《でんぱ》していった。ヤマト朝廷の誕生が前方後円墳の出現と共に語られるのは、各地で新たな埋葬文化が受け入れられたからだ。

しかも土器などの生活文化の画一化もはじまっている。

それはともかく、巨大な前方後円墳を見れば、ヤマト朝廷の大王の権力の大きさを想像しがちだが、じっさいには、ヤマト朝廷は寄せ集め国家であった。その証拠に、前方後円墳も、各地の埋葬文化を習合させることで誕生していた可能性が高く、だからこそ、一気に広まったと考えられるのである。

つまり、初期のヤマト朝廷は、各地の首長層の総意によって団結し、しかも大王は、司祭《しさい》王的性格が強く、他を圧倒するような権力も財力も持ち合わせていなかったと考えられている。

そうなると、どうやって「ヤマト」は運営されたのか、ということになるが、首長層の持ち寄りが実態であろう。逆に言うと、時流に乗った首長や豪族が順番に政権運営をにない、また、財政を支えていた、ということになる。

つまり、多くの首長や豪族の私有地や私有民の集合体がヤマト朝廷なのであり、各地の首長や豪族が支配する土地の豊作を祈ることが、ヤマトの大王の最大の役割だったといえよう。

ただ、そんなヤマト朝廷も、時代とともに政治運営のための制度は整えられていった。ヤマトの王家には、部民《べみん》という職能集団が隷属《れいぞく》し、労力を提供し、また生産物を貢納《こうのう》した。これが部民制といわれるものだ。

もっともこの部民、王家が完璧《かんぺき》に支配していたわけではなかった。実態は、豪族からの借り物であった。すなわち、律令整備以前の豪族層（氏、氏族）は、私地と私民の権利を認めてもらう見返りに、王家に部民を差し出していたのだ。

このような王家の弱い立場を強いものにしようと考え出されたのが、六世紀に登場した王家の直轄領《ちょっかつりょう》「屯倉」だった。

ところでこれは余談だが、古代の屯倉は、近代に入って、意外な形で復活している。明治時代、北海道には屯田兵《とんでんへい》が駐屯し、警備と開拓を掛け持ったが、この「屯田」こそ、「屯倉」とつながりがある。というのも、「屯田」は太古「御田《みた》（王家の田）」を意味していたからだ。「御田、屯田《みた》」こそが、屯倉にほかならない。

その屯田（御田）は当初ヤマトの王家の周辺におかれたが、屯田の収穫物を納める倉が「屯倉」と呼ばれていた。そこで後に、屯田を含めた王家の直轄領を「屯倉」と呼ぶようになり、六世紀ごろから各地に置かれるようになった。

屯倉の制度は、七世紀から八世紀にかけて整備が進む律令制度の先駆けとなるものだった。律令制度は、豪族たちから私有地や私有民をいったん取りあげるという大事業である。

すなわち、「私地私民」を廃し、「公地公民」の制度を導入し、戸籍をつくることで、農地をいったん国家のものにしてこれを公平に再分配し、安定した税を集め、中央集権国家を作ろう、というものだ。

このような制度の導入を、豪族層がそう簡単に受け入れるわけがなかったから、まず「屯倉」を各地につくることで、王家の力をつけようというのが、当初の目論見《もくろみ》であったに違いない。

問題は、この六世紀の「屯倉制」を、王家が独自に進めたわけではなく、ある豪族の尽力があったと考えられるようになってきたことなのである。

何を隠そう、それが蘇我稲目《いなめ》や馬子《うまこ》といった蘇我本宗家だったのだ。

なぜ蘇我氏が王家をもり立てたのか

なぜ「王家を乗っ取ろうとしていた」と『日本書紀』のいう蘇我氏が、王家をもり立てるような行動を取っていたのだろう。そして、なぜこのような蘇我の動きが、これまで問題にされてこなかったのだろう。

蘇我氏のあり方については、遠山美都男《とおやまみつお》氏の次のような興味深い指摘がある。

まず遠山氏は、蘇我氏がどこの馬の骨ともしれない一族であったといい、蘇我稲目の代に勃興《ぼっこう》したと推理している。ではなぜ、王家をしのぐほどの力を持つようになったかというと、葛城氏の女人を娶《めと》り、箔《はく》をつけるいっぽうで、王家に娘たちを入内《じゅだい》させることで、王家の権威を後ろ盾にすることに成功したからだ、とするのである。

このように蘇我氏は、あくまで王権に依存・寄生する存在として生まれた。王権の身内的存在として、王権の補完的要素として、王権内部に組み込まれて存在することが蘇我氏の特性であり、その最大の存在意義であったことを思えば、のちに蘇我氏が大王家に対抗し、果てに王権を簒奪《さんだつ》しようと企てたなどとは到底考えがたい。(『大化改新』中公新書)

このように語る遠山氏は、蘇我氏が王権を無視し、手をかけるなどということはありえない、とするのである。

遠山氏の述べるように、蘇我氏の系譜が本当にいかがわしいものであったのかというと、筆者は別のことを考えているが、蘇我氏と天皇家との関わりについての指摘は斬新《ざんしん》であり、評価されるべきものではないだろうか。

隠された蘇我氏の業績

『日本書紀』と通説

ヤマト朝廷の
近代化政策

豪族層から土地・私有
民を没収して、公平に
富と農地を分配する

← 既得権をかざして反発

抵抗勢力の
筆頭「蘇我氏」

本当は？

ヤマト朝廷の近代化政策には反発が強かった

↓ 対策として

「屯倉《みやけ》」（王家の直轄領）の導入

＝

王家の力を増大して改革を推進する方向へ

↑ 王家との結びつきの強化を図る

蘇我本宗家が強力にバックアップ

→ 蘇我稲目《いなめ》や馬子《うまこ》など

それだけではない。屯倉や律令制度に関しても、これまでの「蘇我＝悪」という常識が通用しない不思議なことはいくつもある。

一般に、律令制度の先鞭《せんべん》をつけたのは聖徳太子といわれ、これを邪魔したのが蘇我氏だったとされている。さらに、西暦六四五年の乙巳の変で蘇我本宗家が滅びると、同年、大化改新の詔《みことのり》が高らかに宣言され、ここに律令制度の準備が整ったと『日本書紀』は伝えている。この時点で、果たして律令がどの程度整ったのかは意見が分かれるところだ。ただ少なくとも、律令制度へ向けて、朝廷が動き出したことはたしかなこととされている。

すなわち、このような『日本書紀』の記述を見れば、律令制度の邪魔になったのは蘇我氏だった、ということになる。

ところが、その後の経過を丹念に追っていくと、どうにも様子がおかしい。

たとえば、蘇我入鹿を殺したのは中大兄皇子で、この人物こそが、律令制度整備の最大の功労者とこれまで信じ込まれてきた。ところが、これは疑わしい。

まず第一に、中大兄皇子が実権を握って真っ先にやったことといえば、国益に反した百済遠征だった。そして敗れ去り亡国の危機に見舞われると、中大兄皇子は急進的な改革事業の手綱をゆるめ、律令制度の進展をむしろ遅らせている。

このころの中大兄皇子は、よほど人気がなかったのか、政策に対する民衆の不満が爆発し、中大兄皇子の周辺では不審火が絶えなかったと記録されている。

さらに、中大兄皇子が即位して天智天皇《てんじ》となるが、弟の大海人皇子《おおあまのみこ》とそりが合わず、晩年決裂する。天智天皇の崩御ののち、天智の御子・大友《おおとも》と大海人皇子は武力衝突を起こす。天智と大友親子は人気がなかったのだろう、裸一貫で朝廷の正規軍に立ち向かった大海人皇子の方が雪崩《なだれ》のような勝利を収めてしまった。

これが壬申《じんしん》の乱で、強権を手に入れた大海人皇子は即位すると（天武天皇《てんむ》）、皇親《こうしん》政治《せいじ》という皇族だけで政権を運営するという独特な独裁制を敷いた。左右大臣も置かなかったのだから、尋常な事態ではない。

天武天皇の目的はいったい何だったのか……。答えは簡単なことで、天武天皇は、律令制度整備の最終段階を締めくくろうとしていたのである。

すでに触れたように、律令は「私地私民」を原則として認めていない。それまで土地と人民を支配していたのは豪族で、彼らからそれらをいったん国家のものとして収奪しなければならない。当然見返りがなければ豪族層は抵抗する。そこで朝廷は、各豪族の力に見合った官位と役職を与えなければならない。それでも、「不公平だ！」という不平不満は起こっただろう。だからこそ、律令制度の完成期には、「偉大な調停者」を必要とするわけであり、天武天皇こそこの役割を果たした張本人だった、ということになる。

問題は次の一点だ。すなわち、律令を後戻りさせた天智は蘇我の敵であり、律令を完成させた天武は、「蘇我に支持されていた」ということなのである。

なぜこのようなことが分かるのかというと、壬申の乱の前後、蘇我氏がこぞって大海人皇子を支持し、守り抜いたからである。このあたりの細かい事情は、『藤原氏の正体』（新潮文庫）の中ですでに触れたとおりだ。

屯倉制を推し進め、律令整備に邁進《まいしん》した天武を後押しした蘇我氏……。これでは、「律令の邪魔になった蘇我」という図式は、根底から崩れ去るではないか。

『日本書紀』が蘇我氏の正体を抹殺するこれだけの動機

ひょっとしてわれわれは、大きな勘違いをしていたのではあるまいか。

すなわち、「蘇我は悪だった」「律令整備を蘇我が邪魔した」という『日本書紀』の記述を鵜《う》呑《の》みにしたまま、「蘇我」の姿を色眼鏡でみていたのではないだろうか。

つまり、『日本書紀』の歴史改竄《かいざん》の手口に、まんまとひっかかっていたということである。

王家を守り、律令制度を整えたのがじっさいには蘇我氏だったのに、八世紀の朝廷が編纂《へんさん》した『日本書紀』の「嘘の記述」にだまされ、蘇我氏を「悪の権化《ごんげ》」とみなしていたのではあるまいか。

だいたい、『日本書紀』編者には、蘇我の正体を闇《やみ》に葬《ほうむ》るだけの十分な動機が備わっていた。なぜなら、『日本書紀』の完成した西暦七二〇年という時代は、まさに藤原氏の全盛期の幕開けにあたる。このとき天下を手に入れていたのは中臣鎌足の子の藤原不比等《ふひと》で、ようするに藤原氏は始祖の中臣鎌足が蘇我本宗家を滅ぼすことで権力の座を射止めたわけである。

とするならば、中臣鎌足の業績を顕彰する必要があったし、中臣鎌足を褒め称《たた》えるということは、蘇我氏を蹴落《けお》とすということでもある。

また、藤原氏は神代《かみよ》から続く一族であると『日本書紀』には出てくるが、本当のところは、蘇我氏にも増して出自が怪しい。しかも、よく指摘されることだが、藤原氏はどこか蘇我氏や蘇我氏の系譜にあこがれているところがある。

それもそのはずで、『藤原氏の正体』の中で詳述したように、藤原氏の始祖になった中臣鎌足は、日本に人質として来日していた百済王豊璋《ほうしょう》その人であったと、私は見ている。

少なくとも、藤原氏の素性が怪しいと思われるのは、『日本書紀』の中で系譜をいくらでもごまかし、あるいは飾ることができただろうに、中臣鎌足以前の藤原氏の活躍が、ほとんど見られないことだ。中臣鎌足は、「唐突」という言葉が相応《ふさわ》しい格好で、歴史に登場している。

並び立つ者がいないほどの権力者が藤原であり、彼らが系譜をあやふやにしてしまったのは、彼らの怪しい系譜を、誰もが知っていたからであろう。

ということは、八世紀の段階で、蘇我氏の正体と「輝かしい業績」は、きれいさっぱり歴史から抹消されてしまっていた蓋然《がいぜん》性は高くなるいっぽうなのである。

境遇が似ている蘇我入鹿と菅原道真《すがわらのみちざね》

ここで話は少し時代が下る。平安時代を代表する文化人であり、また政治家でもあった菅原道真について、平田耿二《こうじ》氏は『消された政治家 菅原道真』（文春新書）の中で興味深い指摘をしている。

すなわち菅原道真は、革命的な改革事業をくり広げたにもかかわらず、その手柄を

「藤原」に横取りされた上に、無実の罪で左遷《させん》され、また一家離散のうえ憤死するという悲惨な運命を背負ったというのである。

このような経過を簡略に図式化すると、次のようになる。

［菅原道真は切れ者だった↓独創的な改革事業↓だから権力者に疎《うと》まれた↓陰謀によって追放↓左遷先で憤死↓道真追い落としを仕組んだ者たちの変死↓道真の祟《たた》りに怯《おび》える為政者↓けれども歴史書の中で道真の本当の業績は抹殺してしまう↓そして菅原道真の手柄を横取り」

ここで注目していただきたいのは、菅原道真と蘇我入鹿の境遇が似ていることだ。たとえば、蘇我入鹿も相当「切れる」人物だったらしい。このことは、藤原氏自身が認めていることだから、信憑性《しんぴょう》がある。藤原氏の伝承『大織冠伝《たいしょつかんでん》』（『藤氏家伝《とうしかでん》』）の中で、次のような逸話が語られている。

蘇我入鹿と中臣鎌足は、ともに僧の旻《みん》の学堂に通っていた。師である旻は、蘇我入鹿を評して、この学堂で右に出る者はいないとまで言い切り、比肩《ひけん》できる者は中臣鎌足であろう、としている。言うまでもなく『大織冠伝』は藤原氏の業績を美化する目的で記された私的な文書である。その中で、極悪非道であるはずの蘇我入鹿を高く評価し、始祖＝中臣鎌足は、蘇我入鹿のようにすばらしい人だったと記述しているところに、興味を示さざるを得ない。

　正史の中では大悪人として扱い、私的文書の中で礼賛《らいさん》していることになる。この藤原の巧みな使い分けから考えて、蘇我氏の本当の姿というものが垣間見《かいまみ》えてくるのではあるまいか。

　また、ここまで述べてきたように、律令《りつりよう》制度の導入に蘇我氏が積極的だったのだから、まさに菅原道真と蘇我入鹿の姿は重なってくる。こののち触れていくように、蘇我入鹿は祟って出ていた可能性が高く、この点も菅原道真とそっくりだ。

　平田耿二氏は、菅原道真の改革事業は（1）税制の改革、（2）徴税・監査制度の改革、（3）土地制度の改革の三本柱だったと指摘し、さらにこの事業は、ようやく実施されようとしていて、その矢先の道真の左遷だったとする。

　このタイミングについて平田氏は、偶然ではなく、藤原時平《ふじわらのときひら》とその取り巻きが算盤《そろばん》ずくで行ったものだというのだ。なぜならば、改革事業が実行されてしまえば、「道真は新しい国家体制の生みの親として、その権力は不動のものとなり、藤原氏は権力の座から滑り落ちることになる」からだ、というのである。

蘇我入鹿と菅原道真の一致する境遇

	蘇我入鹿	菅原道真
人物評	学堂で右に出る者なし	無類の切れ者
改革事業への意志	屯倉《みやけ》制の導入など王家の強化を推進 ↓ 積極的	税制、監査、土地制度の改革 ↓ 改革の中心人物

↓ もし実現すれば

藤原氏の権力が危うくなる

じつを言うと、このタイミングに関しても、道真と蘇我入鹿はそっくりなのである。

一般に、蘇我本宗家が滅亡に追い込まれたからこそ、その直後に大化改新という大改革が断行されたと信じられている。ところがじっさいは、蘇我氏は屯倉制を推進するなど、王家の強化に奔走していた可能性が高いのである。そうなるとこれまでの大化改新をめぐる常識は通用しなくなってしまうのである。

だが、大化改新を推し進めようとしていたのが蘇我氏であり、その事業の実行間近であった西暦六四五年に、中大兄皇子や中臣（藤原）鎌足が、蘇我本宗家を抹殺することで、手柄を横取りしようとしていたのならば、話はすっきりする。

そして、『藤原氏の正体』の中で述べたように、入鹿亡《な》き後の大化改新政府が依然として蘇我寄りの政権だったと考えられるのだから、蘇我入鹿をめぐる矛盾は消え去ってしまう。

つまり、中大兄皇子らは蘇我入鹿暗殺を断行したが、政権を倒すにはいたらなかったということだ。それにもかかわらず、中大兄皇子や中臣鎌足が大化改新の英雄に持ち上げられたのは、八世紀の『日本書紀』が歴史を大きくねじ曲げたからにほかならない。

蘇我入鹿を大悪人に仕立て上げるための巧妙なカラクリ

律令制度のお膳立《ぜんだ》てをした蘇我本宗家。そして、大改革を断行しようとしたその時、アクシデントは起きた。蘇我の棟梁《とうりょう》でありなおかつ飛鳥の盟主であった蘇我入鹿が暗殺されたのである。

では、この後政局はどのように流転《るてん》したのか、私見の骨子を述べておこう。

ここでまず言っておきたいのは、蘇我入鹿暗殺で蘇我氏の改革事業が頓挫《とんざ》したわけではない、ということだ。孝徳《こうとく》天皇を頂点に立てた新政権は、都を難波《なにわ》に遷《うつ》し、律令整備に向けた第一歩を踏み出したのである。

ところが……。中大兄皇子と中臣鎌足は、新政府に対したびたび嫌がらせを繰り返し、ゲリラ戦に持ち込むと、新政府は疲弊していくのである。

中大兄皇子は都を勝手に飛鳥に戻し、孝徳天皇はひとり難波に取り残されてしまう。帝は「無念」を歌に残し、憤死する。

なぜこのようなことになったかというと、最大の原因は、蘇我入鹿の遺志を引き継いだ孝徳天皇が、ほぼ準備が整っていた難波遷都《せんと》を強行したからであろう。

難波は「平時」の都としては理想的だったが、混乱の時代には防衛上の欠点があった。奈良の盆地に敵が出現すれば、手も足も出ないのである。

この新王都の欠陥をついたのが中大兄皇子であり、一般に信じ込まれているように改新政府が反蘇我派のクーデター政権であったとすれば、難波遷都はありえなかった。蘇我の残党が盆地で暴れ出し、成立間もなく政権が瓦解《がかい》したことは、火を見るよりも明らかだったからだ。つまり、蘇我本宗家滅亡直後に難波に都が遷されたという事実こそが、蘇我の正義を証明する大きな証拠になってくるはずである。

蘇我氏の正体は完璧《かんぺき》に歴史から抹殺され、改革事業の手柄は、みな中大兄皇子と中臣鎌足に横取りされてしまったのだろう。しかも、その痕跡《こんせき》を、『日本書紀』がきれいさっぱり消し去ってしまった疑いは強い。

『日本書紀』によって、蘇我氏の「悪役ぶり」が強調されてしまったのならば、『日本書紀』の中に、真相を逆転してしまう何かしらのカラクリが隠されていたことになる。

それにしても、いったいどのようなカラクリを用意すれば、「正義」と「悪」が逆転できるというのだろう。

その答えを見つけるには、おそらく、蘇我入鹿のおかした「最大の過失」「最悪の犯罪」を調べればいいはずだ。そしてそれが、山背大兄王一族の滅亡事件であることはいうまでもない。

事実『日本書紀』の山背大兄王滅亡にいたるいきさつを何度も読み返すにつけ、『日本書紀』の記述には、いくつもの矛盾が隠されていたことに気づかされる。

以下しばらく、山背大兄王の滅亡事件をあらためて振り返ってみよう。

蘇我入鹿が山背大兄王の一族を滅ぼしたことこそ、入鹿暗殺の最大の大義名分となったのだが、それはもちろん、山背大兄王が聖徳太子の子であったということが大きな意味をもっていた。「聖者」の子が「奸計《かんけい》」によって滅ぼされたわけである。しかもその最期《さいご》は、「自分ひとりのために他人様《ひとさま》に迷惑はかけられない」という、まさに絵に描いたような聖人君子ぶりを発揮したのだった。そして、一族が滅亡すると、斑鳩寺の上空には、幻想的な光景がくり広げられるという演出まで施されている。

だが、このようなできすぎた勧善懲悪の世界は、なぜこれまで疑われなかったのであろう。

だいたい、山背大兄王の半生は、父のそれとは異なり、世俗的なものだった。山背大兄王は蘇我の血筋であることを利用して、権力に固執したのであって、けっして褒められた生き様ではなかった。

たとえば、推古天皇の崩御ののち、女帝の遺言をめぐるごたごたの中で、山背大兄王はいかにも「王位には固執していない」という素振りを見せているが、いっぽうで『日本書紀』は、山背大兄王の腹違いの弟の泊瀬仲王《はつせのなかのみこ》に、「誰もが知っているように、われら親子（聖徳太子とその末裔《まつえい》）は、ともに蘇我氏から出ている。だからわれわれは、蘇我大臣（蝦夷）を高い山のように頼りにしているのだ」

と言わせている。すなわち、蘇我の皇族が皇位に就くのが当たり前ではないか、と主張しているわけである。

これが山背大兄王の本音でもあったろう。そうでなければ、尋常ならざる皇位への執着が説明できるわけではないからだ。

逆に言えばこの時代、「蘇我」が支持すれば、いつでも「蘇我の王」を立てることはできたはずで、ところが蝦夷は「血の論理」を無視して、非蘇我系の田村皇子（舒明天皇）と宝皇女（皇極・斉明天皇）に王権を委《ゆだ》ねるのである。

このような経過から考えれば、むしろ公平な裁量を行ったのは蘇我蝦夷で、ダダをこねたのが聖徳太子の息子たち、ということになりはすまいか。

頭脳明晰《めいせき》な入鹿がなぜ無謀な行動に出たのか

山背大兄王をめぐる謎《なぞ》は、まだいくつもある。その例を挙げてみよう。

皇極二年（六四三）十月、実権を握ったとたん、蘇我入鹿は古人大兄皇子を即位させたいがばかりに山背大兄王を邪魔にした、という。そして十一月、蘇我入鹿は兵を起こし、斑鳩宮を囲んでしまうのである。

このとき、はたして山背大兄王が有力な皇位継承候補であったかどうか、じつに怪しい。山背大兄王を支持する豪族の姿が、『日本書紀』には見えないからだ。

となれば、あわてて山背大兄王を抹殺する必要はどこにもない。仮に『日本書紀』の言うように、聖徳太子が比類なき「聖者」であり、斑鳩の地が上宮王家のひしめく「聖地」であるならば、この地に兵を差し向けることのリスクを、蘇我入鹿が読み切れないはずもなかった。

藤原氏が認めざるを得ないほど蘇我入鹿は頭脳明晰だったのであり、だからこそ、この人物を消し去らない限り、中臣鎌足は政局を思い通りに動かせなかったということだろう。暗殺とはそういうものだからである。「ぼんくら」な指導者ならば殺す必要はなく、うまく利用するか追い落とせばいいだけの話だ。歴史上、非業《ひごう》の死をとげた政治家のほとんどは、「できる」からこそ殺されたのである。

とするならば、誰が考えても利のない山背大兄王殺害を蘇我入鹿が計画しただろうか、という疑問に行き着くのである。

こういう疑問が湧《わ》いてくると、『日本書紀』の上宮王家滅亡にいたるいきさつにも、不審な記述が目につくようになる。

たとえば、蘇我入鹿の差し向けた巨勢徳太の軍団が斑鳩宮を囲むと、山背大兄王は馬の骨を残して生駒山に逃れている。

宮に火がかけられ、焼け跡に骨の落ちているのを見た巨勢徳太は、山背大兄王が亡くなったのだと早とちりして、囲みを解いてしまったと『日本書紀』は言う。

しかし、人間の骨と馬の骨では、見間違うはずもなく、百歩譲って見誤ったとしても、それが山背大兄王本人の骨であると特定できるはずもない。また、何十人といたであろう一族郎党が「霧散」してしまったことを証明することはできないはずだ。

さらに、謎は続く。

生駒山に逃れた山背大兄王は、「挙兵しましょう」という進言を退けた。「戦えば勝つのは分かっているが、それでは自分の都合で多くの民に迷惑をかけてしまう」とい

上宮王家滅亡事件の不可解な謎

山背大兄王《やましろのおおえのみこ》の王位への異常な固執 → 有力な皇位継承候補として認められていなかった

↑

支持する豪族層なし

↓

抹殺する理由なし

↓

頭脳明晰な蘇我入鹿に理解できないはずはない

『日本書紀』の不可解な表記

「馬の骨を人間の骨と見間違って囲みを解いた」

「一族郎党のすべてが一カ所にそろっていた」

い、一族郎党を引き連れて、斑鳩の地にもどり、皆で自害して果ててしまうのである。不可解なのは、なぜ「他人に迷惑はかけたくない」といっていた山背大兄王が、罪もない一族を道連れにして全滅してしまったのか、ということである。

史学界の大御所の中には、「これこそが聖人君子の証《あかし》」と、山背大兄王の行動を讃《さん》美《び》する者も現れたが、これでは『日本書紀』の仕掛けたトリックにひっかかったままだ。第一、現実にそのようなことが起こっていたかというと、首をかしげざるを得ない。

この時代は通い婚であり、女系が大きな幅をきかせた時代でもあった。したがって、一族が「男系社会」の論理で同じ場所に住んでいた可能性は低く、とするならば、最初巨勢徳太が斑鳩宮を囲んだとき、「偶然」「たまたま」「めったにありえないのに」、一族がそろっていた、ということになる。

そしてぞろぞろと誰にも見つからずに生駒山に行進し、ネズミの集団自殺のごとく、また感情のない亡霊のごとく、ぞろぞろと一族そろって斑鳩に舞い戻り、皆で仲良くあの世に旅立っていった、ということになる。

わが子だけは助けたい……。そう思う親が、ひとりもいなかったことこそ不自然ではないか。そして、こののち「聖徳太子の末裔」を名乗る者がじっさいにひとりも出現しなかったところに、事件の異常さが隠されていたように思えてならない。
なぜ山背大兄王をめぐる『日本書紀』の記述は、矛盾と謎に満ちていたのだろう。

山背大兄王は存在しなかった!?

平安時代に編まれた聖徳太子の伝記集、『上宮聖徳法王帝説《じょうぐうしょうとくほうおうていせつ》』には、次のような奇怪な記事が残されている。

そこにはまず、山背大兄王の系譜が記されている。聖王《ひじりのおおきみ》(聖徳太子)が蘇我馬子の娘・刀自古郎女《とじこのいらつめ》を娶《めと》って生まれた子が山代大兄王《やましろのおおえのみこ》(山背大兄王)だったとして、これに続けて次のような分注を足している。

後《ノち》ノ人《ひト》、父《ちち》ノ聖《ひじりノおほきみ》王ト相《あ》ひ濫《みだ》るトいふは、非《ヨくもあら》ず

すなわちこれによれば、後世の人びとが、山背大兄王と父の聖王＝聖徳太子が、じっさいには親子ではなかったのではないかと噂《うわさ》しているが、それは、良くないことだ、というのである。

この一節は、七世紀の歴史を考える上で、重大な意味をもってくる。

まず第一に、聖徳太子と山背大兄王の親子関係を怪しいと疑う人びとが、平安時代に実在したことだ。そして、そのようなことを言い出すのは、まったくナンセンスだ、というのではなく、「非ず」＝よくないことだ、不謹慎だとたしなめているところにこそ、問題がある。

なぜ疑いようもない親子関係を、平安時代には、疑われるようになったのか、そしてそのような考えを、「ばかばかしい」と退けるのではなく、「お行儀が悪い」とでも言いたげにたしなめているのはなぜだろう。『上宮聖徳法王帝説』は、わざとこのような記述を用意し、聖徳太子と山背大兄王の間に、秘密が隠されていることを後世に伝えようとしたのではあるまいか。

『上宮聖徳法王帝説』は聖徳太子の伝説ばかりを集めた文書として知られるが、たんなる伝説ではなく、聖徳太子の「死」にまつわる説話にこだわっているところに、特徴がある。単純な説話集ではないところに、『上宮聖徳法王帝説』の謎があったといっても過言ではなかったのである。

では、『上宮聖徳法王帝説』の言わんとしていたことは、いったい何だったのか。

ここでわれわれは、ある重大な見落としに気づかされる。『日本書紀』は聖徳太子と山背大兄王の親子関係を、本文中で証明していない、ということなのである。

あたかも親子のように記録しながら、けれども、厳密に探っていくと、親子であった証拠はどこにもないのである。

これはいったい何を意味しているのだろうか。ひょっとして、われわれはこれまで、とんでもない勘違いをしてきたのではあるまいか。正真正銘の改革者だった蘇我氏を、『日本書紀』の言い分通りに「悪者扱い」し、罵倒《ばとう》し続けてきたのではなかったか。

山背大兄王は、ようするに、「聖徳太子が聖者であればあるほど、蘇我入鹿が反比例して悪人になっていく」という、そのカラクリの要《かなめ》に位置していたことになる。そして、もともとこの世には存在しない人物であり一族だったからこそ、まるで蒸発するかのように消えて無くなったのではなかったか。

つまり、ようやくわれわれは蘇我氏の正体を知るための、最大のヒントを得たのである。それは、『日本書紀』の記述を鵜《う》呑《の》みにしていては、蘇我氏の正体を理解することはできない、ということであり、それどころか、『日本書紀』によって蘇我氏の実績と正体は、抹殺されている可能性が非常に高くなってきた、ということである。

では、このような推理を、いかに実証していけばいいのだろう。そしてそれは可能なのだろうか……。

第二章　蘇我氏と鬼

蘇我の正義を実証できるのか

正義はむしろ「蘇我」にあったのではないか……。われわれはこれまで語られることのなかった仮説へと進もうとしている。

では、多くの歴史が抹殺され改竄《かいざん》されているとしたら、「蘇我の正義」を、どうやって証明できるというのだろう。

ヒントを与えてくれるのは、やはり前述したように、蘇我入鹿《そがのいるか》とそっくりな「菅原道真《すがわらのみちざね》」ではないだろうか。

学究肌の菅原道真の政治家としての「素質」を見抜き、これを大抜擢《だいばってき》したのは、藤原の血を引いていない宇多《うだ》天皇であった。藤原のやり方をおもしろく思っていなかった帝は、時の権力者・藤原時平《ふじわらのときひら》を敬遠し、菅原道真や四人の源氏を重用した。九世紀の末のことだ。

寛平《かんぴょう》九年（八九七）、宇多天皇は上皇《じょうこう》となり、醍醐《だいご》天皇が誕生した。その翌々年、菅原道真はとうとう右大臣に任ぜられるが、延喜《えんぎ》元年（九〇一）、藤原時平は菅原道真が醍醐天皇を廃そうと画策していると讒言《ざんげん》、道真は大宰府《だざいふ》に左遷《させん》させられ、配所で憤死する。左遷と言うよりも、実質的な流罪であり、道真の晩年は悲惨なものだったらしい。

当然、道真は都の権力者たちを恨んだだろうし、藤原氏にしても、やましい気持ちはあったに違いない。だから、左遷から二年後に道真が死ぬと、道真の祟《たた》りがまことしやかに語られていくことになる。道真の死から五年後の延喜八年（九〇八）に、道真追い落としの片棒を担《かつ》いだ藤原菅根《すがね》が没し、疫病《えきびょう》が流行、その翌年には主犯の時平が死に、おまけに都に隕石《いんせき》が落下するにおよび、恐怖が増幅された。

それだけではない。菅原道真を追い落とした者どもが次々に変死、宮中の清涼殿《せいりょうでん》に落雷と、都はもうパニックとなった。「菅帥《かんそち》の霊魂宿忿《れいこんしゅくふん》のなす所なりという（道真の怒り、恨みに違いない）」と人びとはうわさしあったといい（『日本紀略』）、また『大《おお》鏡《かがみ》』は、藤原時平の末裔《まつえい》が早死にするのは、道真の祟りにほかならないとしている。

それはそうだろう。藤原時平は延喜の諸改革を断行した名政治家として名高いが、じっさいには、この改革事業の設計図は、菅原道真が書き上げたにもかかわらず、時平が道真を左遷しておいて、手柄を横取りにしたわけである（もっとも、このような図式は平田耿二《こうじ》氏が指摘してはじめて明らかになったのだが、成り行きから考えて、この方が自然である）。

このの ち朝廷は、道真を丁重に祀《まつ》りあげた。今日でこそ、菅原道真を祀る北野天満《きたのてんまん》宮《ぐう》は、学問の神として知られるが、かつては御霊信仰《ごりようしんこう》のメッカであり、祟る菅原道真を祀りあげる神社だったのである。

ここであらためて指摘しておきたいことは、「祟り」は、祟られる側にやましい心がなければ成立しない、ということなのである。

菅原道真が大悪人で天皇家に害を及ぼし、やむなく九州に左遷したというのなら、都で変事が起きても、誰も「道真の仕業」とは思わなかっただろう。そうではなく、誰もが「道真の祟り」と信じて疑わなかったのは、道真に罪がないのに手柄を奪い、ひどい仕打ちをしてしまったからである。

すなわち、歴史の正義は、「祟る者」にあるということが歴史の大前提なのである。ならば、第一章で触れたように、蘇我氏こそが真の改革者で、しかも手柄を藤原に取られているとしたら、蘇我氏も祟って出た可能性がある。祟りなど馬鹿馬鹿《ばかばか》しいと思われるかもしれない。しかし、少なくとも祟って出たと、人びとが信じていたことは確かであり、この事実が大きな意味を持っている。

そして、もし蘇我が祟っていたという伝承が見つかれば、蘇我の正義は証明できるのではないだろうか。

蘇我は祟って出ていた

どうやら、じっさいに「蘇我」は、祟っていたようである。

蘇我入鹿の死後、朝廷では奇妙なことがいくつも起きていたと『日本書紀』は記録している。

斉明《さいめい》元年（六五五）夏五月のことだ。斉明天皇が即位した直後、大空に奇怪な生き物が飛んでいったというのだ。ちなみに、斉明天皇は、蘇我入鹿が殺されたとき現場にいた皇極《こうぎょく》天皇が重祚《ちょうそ》（一度皇位を禅譲《ぜんじょう》し、ふたたび即位すること）したものだ。

記事は以下の通り。

空中《おほぞらのなか》にして竜《たつ》に乗れる者有り。貌《かたち》、唐人《もろこしびと》に似たり。青《あを》き油《あぶらぎぬ》の笠《かさ》を着て、葛城嶺《かづらきのたけ》より、馳《は》せて胆駒山《いこまのやま》に隠《かく》れぬ。午《うま》の時《とき》に及至《いた》りて、住吉《すみのえ》の松嶺《まつのみね》の上より、西に向《むか》ひて馳せ去《い》ぬ。

これによれば、唐人に似た青い油笠をかぶった異形《いぎょう》の者が、竜に乗って葛城山《かつらぎさん》から生駒山《いこまやま》に飛び、さらに昼頃、西に飛んで住吉《すみよし》の松嶺の上からふたたび西に向かって飛んでいったというのだ。

古来、笠をかぶって顔を隠す者は「鬼」と考えられていた。とするならば、この奇怪な装《よそお》いを身につけた青い油笠の男は何者なのか。

斉明天皇の身辺では、さらに奇怪な事件が続いている。

斉明七年（六六一）五月、百済《くだら》救援のために斉明天皇自ら九州の朝倉 橘 広庭《あさくらのたちばなのひろにわ》の宮《みや》（福岡県朝倉市）に赴いたときのことだ。

五月九日、宮を造るために近くの神社の木を切り払った。すると雷神《らいじん》が怒り、建物を直撃し、宮の中に鬼火《おにび》（人魂《ひとだま》か）が現れたという。このため、多くの舎人《とねり》や近習《きんじゅう》の者たちが病に伏し、死んでいった。そして斉明天皇も、これから二ヶ月後に崩御《ほうぎょ》されるのである。

古来「雷神」は祟り神の象徴的な姿と考えられていたから、この記事は暗示的である。蘇我入鹿暗殺の現場に居合わせた斉明天皇が、尋常ならざる死に方をしていた疑いが出てくるのである。

ところで、斉明天皇の葬儀でも、不思議なことは起きていた。

是《こ》の夕《よひ》に、朝倉山《あさくらのやま》の上《うへ》に、鬼《おに》有《あ》りて、大笠《おほかさ》を着て、喪《みも》の儀《よそほひ》を臨《のぞ》み視《み》る。衆《ひとびと》皆《みな》嗟怪《あやし》ぶ。

すなわち、朝倉山の上から、大笠をかぶった「鬼」が、斉明天皇の葬儀の様をじっと見ていたという。そして、それを見た人びとは皆怪しんだという。

さて、この斉明天皇の葬儀の様子を見ていたという鬼、どうやら斉明元年に葛城山から生駒山、さらに住吉へと飛んでいったあの青い油笠の異形の者と同一であった可能性が高い。というのも、平安末期に成立した編年体の歴史書『扶《ふ》桑略記《そうりやつき》』に、この一連の記事とそっくりな記述が残っていて、鬼の正体を明らかにしているからだ。

斉明元年の事件と斉明七年の事件を、続けて引用しよう。

まずは斉明元年のこと。

空中《おほそらのなか》に竜《たつ》に乗《の》れる者あり。貌《かたち》は唐人《もろこしびと》に似《に》て、青油笠を着て、葛城嶺《かづらきのたけ》より、馳《はし》りて胆駒山《いこまのやま》に隠る。午時《うまのとき》に至るに及び、住吉の松の上より西を向いて馳《はし》り去《さ》る。時の人言ふ、蘇《そ》我豊浦大臣《がのとゆらのおほおみ》の霊なり、と。

次は斉明七年である。
群臣卒尓《ぐんしんそつじ》に多《おほ》く死ぬ。時の人云《い》ふ、豊浦大臣の霊魂《れいこん》のなす所なり。

つまり、『扶桑略記』には、斉明天皇を襲った二つの奇怪な事件は、どちらも「蘇我豊浦大臣」の仕業だった、というのである。

では、この「蘇我豊浦大臣」とは何者なのだろうか。

『日本書紀』は「豊浦大臣」を蘇我蝦夷《そがのえみし》のこととし、『先代旧事本紀《せんだいくじほんぎ》』は、蘇我入鹿のことだった、としている。いずれにせよ乙巳《いつし》の変で中大兄皇子《なかのおおえのみこ》や中臣鎌足《なかとみのかまたり》に殺された蘇我本宗家《ほんそうけ》の面々であることに変わりはない。そして斉明天皇の眼前で断末魔の声をあげたのが蘇我入鹿なのだから、異形の者は蘇我入鹿がふさわしい。

くり返すが、「祟り」は「祟られる側」の心の問題なのであり、斉明天皇が怯《おび》えたのは、うらめしげに女帝を見据えた蘇我入鹿の眼光であろう。

入鹿死後、朝廷で起きた奇妙な出来事

● 斉明天皇即位の直後、大空に奇妙な生き物

→ 入鹿暗殺現場に立ち会う

● 斉明天皇の九州赴任時に、
雷神が怒り、鬼火が現れ、二ヶ月後に崩御

● 斉明天皇の葬儀の際に
大笠をかぶった「鬼」が出現

↓

「蘇我豊浦大臣《そがのとゆらのおおおみ》」

＝

蘇我入鹿の祟り

祟りは祟られる側に原因あり

祟りが明かす蘇我氏の正義

つまりここが大切なのだが、蘇我入鹿が祟っていたという言い伝えが平安時代を通じて語られていたとするならば、それは、「蘇我入鹿は悪くなかった」ということを、世の語り部たちは口伝えにしていたことになるわけである。「悪くはない」どころか、正義はむしろ蘇我入鹿の側にあった可能性が高いのである。

そして、このような「祟り」の図式を誰よりもはっきりと知っていたのが『日本書紀』の編者だったから、斉明天皇の周辺に出現した怪しい異形の者の名を残すことができなかった、ということになる。

もちろん、ここに言う異形の者が、本当に空を飛び、斉明天皇の葬儀を見守っていたかどうか、そのようなことが本当に起きていたかどうか、証明する手だてはない。だが少なくとも、そういう「説話」が、すでに『日本書紀』が記された八世紀の段階で、まことしやかに語られていたであろうことは、容易に想像のつくことだ。

斉明天皇が平凡に天寿を全《まっと》うしたわけではなかったという話は、都周辺で語り継がれただけではなく、かなり広く知られた話だったらしい。というのも、信州の善光寺《ぜんこうじ》

（長野県長野市）では、斉明天皇が地獄に堕《お》ちたと語り継がれているからである。

また、興味深いのは、『日本書紀』が古代史最大の英雄と持ち上げた中臣鎌足の死の直前、奇妙な事件が起きていることである。

それは天智《てんじ》八年（六六九）是の秋の条の、中臣鎌足の邸宅に落雷があったという、ちょっと見落としてしまいそうな記事である。

不思議なのは、歴史を語る上でほとんど意味がないかのような記事が、なぜ挿入されていたのか、ということではないだろうか。

だが、「落雷」がたんなる自然現象ではなく、「祟り」を象徴的に表していたこと、『日本書紀』の記述を読む限り、中臣鎌足の死が唐突にやってきて、急死の印象をまぬがれないとなれば、中臣鎌足の死の直前のこの記事を無視することはできなくなる。

中臣鎌足は祟りによって死んでいったのだという強い印象が『日本書紀』の編者にはあって、ここに暗示を込めて記録したのではなかったか。『日本書紀』の編纂《へんさん》には中臣鎌足の子・藤原不比等《ふじわらのふひと》が強く関与していたはずだから、父の死の原因を熟知していたということになる。

では、中臣鎌足は誰の祟りを恐れていたのだろう。もちろんそれは、蘇我入鹿にほかなるまい。蘇我入鹿暗殺の実行犯は中大兄皇子であっても、計画を持ちかけ、もっとも積極的だったのは中臣鎌足であり、この人物が主犯だったからである。

奇跡の寺・山田寺《やまだでら》の不思議

「祟る蘇我」は、蘇我入鹿だけではない。その痕跡《こんせき》は、飛鳥《あすか》の東の入口で、軍事と流通の要《かなめ》に位置する、山田寺に残されている。

山田寺は「奇跡の寺」である。そのことが分かったのは、一九八二年から一九九〇年にいたる四回の発掘調査だった。東回廊が瓦《かわら》を載せたまま倒壊し、その倒壊したときそのままの姿で千年の間、手つかずに土中に埋没していたことが分かったからである。

この回廊が腐らずに残ったのは、粘土に囲まれ、しかも地下水に浸《つ》かっていたからにほかならない。

この回廊はちょうど乙巳の変の起きた七世紀半ばごろに造られ、十一世紀前半まで、この地にしっかりと立っていた。

山田寺は平安時代には多武峰談山《とうのみねたんざん》神社の末寺になり、また東回廊が倒壊したのちは、興福寺《こうふくじ》の末寺というように、藤原系の寺社の私有物となっていた。ちなみに、回廊が倒壊したのちも塔と金堂は残り、十二世紀後半に焼失している。さらに余談ながら、山田寺の金堂や塔、講堂の礎石《そせき》のほとんどは、明治時代にいたるまで、手つかずに残されていたが、廃仏毀釈《はいぶつきしやく》の嵐《あらし》の中で、売り飛ばされるなどして、多くを失った。

この東回廊は、奈良国立文化財研究所の手で十四年の歳月をかけて保存処置をされ、現在飛鳥資料館第二展示室に一部が再現され展示されている。

現存する世界最古の木造寺院建築の実例であって、腐らずに残っていたこと、そして、たんなる「部材」ではなく、回廊そのものが完璧《かんぺき》な姿で残されていたことが、まさに奇跡的だったのである。

そして、この東回廊には、ひとつの謎《なぞ》がある。

燃え落ちたわけでも、何者かによって破壊されたわけでもなく、まるで老衰で眠るように静かに朽ち果てていった、ということなのである。

なぜこれが謎なのかと言えば、亡骸《なきがら》となった山田寺がだれからも掠奪《りやくだつ》されることなく、そのまま放置され、土にもどっていったというのは、常識では考えられないからである。

瓦も木柱も、はぎ取っていけば、何かしらの役に立とうものを、なぜ誰もが「知らぬふり」を何十年も、何百年も貫き通したというのだろう。「さわらぬ神に祟りなし」

というように、山田寺は、「祟る場所」と考えられていたからこそ、東回廊は、そのままの姿で、地中深く、永い眠りに入った、ということではなかったか。

筆者には、回廊が夜な夜な、鈍い音をたてて、傾いていく光景が目に浮かぶのだ。そしてこの音を聞いた者たちは、耳をふさいで走り去っていったのではなかったか。

「あっこは出よる」（あの場所には霊が出る）

眉《まゆ》をひそめて、そう語り合う村人の様子が、目に見えるようだ。

もっとも、山田寺は権力者・藤原氏の私物だったから、なかなか手を出せなかったのかもしれない。だが、治安《じあん》三年（一〇二三）、藤原道長《みちなが》がこの地を訪れ、荘厳《そうごん》な建築物に圧倒されたという記録が、『扶桑略記』に残されている。その藤原氏が、山田寺を手に入れておきながら、朽ち果てるまで放置し、また、寺が無惨《むざん》な姿になったのちも、あえて手を入れようとしなかったのは、藤原氏にとって、この寺は「遠くから眺めているだけの寺」でなければならなかったからではないか。すなわち、藤原氏こそ、山田寺の「祟り」に怯えていたのではないかと思えてならないのである。

たんなる想像だけで、このようなことを言っているのではない。山田寺には、十分「祟る資格」があったし、「藤原に恐れられる理由」があったのである。

首だけが生き残った山田寺の本尊

祟る山田寺の理由は、のちに触れるとして、山田寺にまつわるもうひとつの逸話を紹介しておこう。それは、奈良県奈良市の興福寺宝物館の、山田寺仏頭《ぶっとう》のことだ。

山田寺仏頭は、読んで字のごとく、現在は首の上しか残っていない。山田寺仏頭は、十二世紀の終わりに、興福寺東金堂《とうこんどう》の三代目の本尊として据えられるが、応永《おうえい》十八年（一四一一）の火災によって、首から下が焼け落ち、その後再興本尊の台座《だいざ》に納められたまま、忘れ去られていた秘仏であった。ふたたびこの世に姿を現したのは、昭和十二年（一九三七）に東金堂が解体修理されたときのことで、現在では、白鳳《はくほう》時代を代表する彫刻として、国宝に指定され、興福寺の宝物殿に展示されている。

ところで、興福寺の本尊に、なぜ「山田寺」の名がついているのかと言えば、この仏像はもともと山田寺の本尊であり、興福寺の僧兵によって掠奪されたものだったからだ。

このあたりのいきさつを明らかにするには、山田寺の歴史を振り返っておかなければならない。

山田寺がいつ建立《こんりゅう》されたのか、もっともくわしい資料は、『上宮聖徳法王帝説《じょうぐうしょうとくほうおうていせつ》』の裏書と『日本書紀』である。

山田寺の造営は、舒明十三年（六四一）のことで、蘇我入鹿の従兄弟《いとこ》に当たる蘇我倉山田石川麻呂《そがのくらやまだいしかわのまろ》の邸宅のそばに造られることになった。蘇我氏絶頂期の出来事であり、飛鳥が蘇我一色に染められている時代であった。

また、すでに触れたように、この地は飛鳥の東の入口にあたり、軍事・流通の要の位置にあたっていた。

皇極二年（六四三）、上宮王家が滅ぼされた年、金堂が建てられた。

大化《たいか》五年（六四九）には、この寺の主・蘇我倉山田石川麻呂が、山田寺の金堂の前で自害して果てる。なぜこのような悲劇が起きたのかについては、のちにふたたび触れよう。

天武《てんむ》二年（六七三）には塔の心柱が建てられ、舎利《しゃり》が納められた。天武五年（六七六）に露盤を上げ、二年後に丈六仏《じょうろくぶつ》（丈六三尊《さんぞん》像［三尊とは、如来《にょらい》を中央に一体、両《りょう》脇《わき》に二体の菩薩《ぼさつ》を並べたもの］）が鋳造されたのである。

蘇我全盛時代に建立がはじまり、途中本宗家が滅亡、さらに、寺の主になるはずだった蘇我倉山田石川麻呂（以下「麻呂」）も亡《な》くなり、完成後この寺は、麻呂の菩提《ぼだい》を弔《とむら》う寺となってしまったわけである。

問題の本尊は、開眼《かいげん》が天武十四年（六八五）三月二十五日に行われているが、これはちょうど麻呂の三十七回忌にあたるところから、本尊は非業《ひごう》の死をとげた麻呂の追善を目的に造られたと考えられている。

では、その本尊が興福寺に持ち去られたのはいつのことなのだろう。

興福寺の東金堂は、神亀《じんき》三年（七二六）に、元正太上天皇《げんしょうだいじょう》の病気平癒を願って建立された。病を治すのが目的だったから、本尊には薬師丈六三尊が据えられた。ところが、興福寺はたびたび火災に遭い、東金堂も何度も焼け落ちた。治承《じしょう》四年（一一八〇）の焼失後、建物は再建されたが、本尊の再興は手間取っていた。

そんな折も折、文治《ぶんじ》三年（一一八七）三月九日、興福寺の僧兵たちが、無断で山田寺に押し込み、丈六三尊像を持ち去った。

この当時の藤原の長者で、源頼朝《みなもとのよりとも》の信頼あつかった九条兼実《くじょうかねざね》は、僧兵の暴走の尻《しり》ぬぐいに奔走している。もっとも、こののち、東金堂の本尊におさまった丈六三尊像を拝した兼実は、仏像の美しさに感銘し、「これほどの仏像が手に入ったのならば、あの程度のいさかいは、やむを得なかった」と、権力者らしい感慨を述べている。

その後の丈六三尊像の運命は、すでに述べたとおりだ。結局この仏像は、首から上だけが生き残るも表舞台から姿を消し、昭和の時代にふたたび永い眠りから目を覚ましたのである。

蘇我倉山田石川麻呂の生首と山田寺仏頭の因縁

山田寺仏頭は、不気味な宿命を背負っているのではないか……。というのも、紅蓮《ぐれん》の炎の中で仏頭のみが奇跡的に生き残ったことと、山田寺の「主」＝蘇我倉山田石川麻呂の生首が、強い因縁でつながっているとしか思えないからである。

蘇我倉山田石川麻呂と言えば、乙巳の変で蘇我入鹿暗殺に荷担したことで名高い。しかしその末路は、惨憺《さんたん》たるものだった。謀反《むほん》の嫌疑をかけられ自害して果て、のみならず、中大兄皇子らの差し向けた兵士らによって、屍《しかばね》をずたずたに切り裂かれてしまうのである。

なぜ中大兄皇子の味方となった麻呂が、ひどい仕打ちにあってしまったのだろう。これを理解していただくには、少し時間を遡《さかのぼ》らなくてはならない。蘇我入鹿暗殺の直前、中大兄皇子と中臣鎌足が、入鹿暗殺の計画を立てる場面を振り返ってみよう。

入鹿暗殺を目論《もくろ》む中大兄皇子と中臣鎌足は、蘇我内部の亀裂《きれつ》をうまく利用できないかと考えた。麻呂の娘を中大兄皇子が娶《めと》ることで、蘇我本宗家に対抗できる有力者をこちら側に引きずり込んでしまおうという魂胆である。

紆余曲折《うよきよくせつ》を経て、乙巳の変の前年の皇極三年（六四四）正月、麻呂の次女が中大兄皇子のもとに嫁いだ。ちなみに、この女人が、のちに持統《じとう》天皇や大田皇女《おおたのひめみこ》（大津皇子《おおつのみこ》の母）を生む遠智娘《おちのいらつめ》である。

大化改新政府の麻呂には、蘇我本宗家を裏切った論功行賞からであろう、右大臣の椅子《いす》が用意されていた（ちなみに、このあたりのいきさつについては、『日本書紀』の記述がすべて事実だった、という前提のもとに話を進めている。じっさいにどうだったのかについては、のちに再度検討してみたい）。入鹿や蝦夷らの蘇我本宗家になりかわり、麻呂が蘇我の長者になった瞬間である。

だがここから時代はめまぐるしく流転《るてん》していく。

大化元年（六四五）九月、中大兄皇子のもとに、古人大兄皇子《ふるひとのおおえのみこ》が謀反を企《たく》んでいるという密告があった。さっそく中大兄皇子は、兵を差し向け、吉野《よしの》に逼塞《ひつそく》していた古人大兄皇子を討たせた。いうまでもなく古人大兄皇子は蘇我本宗家が推していた人物であり、中大兄皇子は一番の邪魔者をまず葬《ほうむ》り去ったのである。

十二月、朝廷は都を難波長柄豊碕《なにわのながらのとよさき》に遷《うつ》し、翌大化二年正月には、いわゆる「改新之《かいしんの》詔《みことのり》」が告げられたのだった。蘇我氏の専横によって滞っていた律令《りつりょう》制度の整備が、ここに第一歩を刻んだ、ということになる。

もっとも、このときに出された詔が当時のままであったのか、そして、本当に『日本書紀』のいうように、新しい社会システムが作られ、運用されるようになったかというと、定かなところは分かっていないし、むしろ懐疑的な意見が多い。

いずれにせよ、本格的な律令制度の完成は、大宝元年（七〇一）の大宝律令まで待たなくてはならない。

蘇我倉山田石川麻呂の悲劇的な最期《さいご》

それはともかく、順風満帆に見えた改新政府であったが、思わぬアクシデントに見舞われる。大化五年（六四九）三月十七日、朝堂の頂点に立っていた左大臣・阿倍大臣《あべのおおおみ》が亡くなった。皆嘆き悲しむ中、さらに驚くべき事件が勃発した。二十四日、蘇我臣日向《そがのおみひむか》（身刺《むさし》）が皇太子（中大兄皇子）に讒言《ざんげん》して、次のように報告した。

「私の異母兄の蘇我倉山田石川麻呂は、皇太子が海辺で遊ばれているところを狙《ねら》って殺害しようとしております。近々謀反を起こすでしょう」

皇太子はこの言葉を信じ、使者を麻呂の元に遣わした。しかし麻呂は、「答えは孝《こう》徳《とく》天皇に直に申し上げます」といい、無視した。孝徳天皇も同様に使者を出したが、答えは同じだった。やむなく天皇は兵を出し麻呂の館《やかた》を囲ませようとしたが、麻呂は飛鳥に向けて逃げていったのだった。

このとき、麻呂の長子・興志《こし》は飛鳥の山田で寺院の造営（山田寺）にいそしんでいたが、父が難波から逃げてくることを知り、迎えに出て山田寺に導いた。

興志は、

「みずから進軍して、追っ手を迎え撃ちたいと思います」

と進言したが、麻呂は許さなかった。だが、麻呂は密《ひそ》かに宮（小《お》墾田宮《はりだのみや》）を焼こうと思い兵士を集めた。なぜ小墾田宮なのかについては、不明である。

翌日、麻呂は、一族郎党を集め、次のように語った。

「人臣たるもの、なぜ帝にさからい、謀反を企てることがあろうか。だいたいこの伽《が》藍《らん》（山田寺）も、天皇のために造ったものだ。今、身刺（蘇我日向）の讒言によって、無実の罪で殺されようとしている。だがあの世には、変わらぬ忠誠心をもって行きたいものだ。こうして寺に帰ってきたのは、安らかに終わりの時を迎えたかったからだ」

そう言うと、仏殿の扉を開き、次のように誓いを立てた。

「私は未来永劫《えいごう》に渡って、君主をお恨み申しません」

こう言って、麻呂は、みずから首をくくって亡くなり、家族八人がこれに続いた。

難波からヤマトを目指していた朝廷の追討軍は、麻呂と家族が死んだことを聞き、兵を引いた。

翌日、木臣麻呂《きのおみまろ》、蘇我臣日向、穂積臣嚙《ほづみのおみくい》が兵士を率いて山田寺を囲んだ。物部二田造塩《もののべのふたつたのみやつこしお》に命じて、すでに冷たくなっていた麻呂の首を斬《き》らせた。物部二田造塩は、大刀を抜いて肉を切り裂き、屍を大刀で刺しあげて、雄叫《おたけ》びをあげた。

こうして、麻呂の悲劇は終わった。ところが、事件はこれだけでは済まなかった。もうひとつ、悲劇が待ちかまえていたのである。

事件ののち、使者が遣わされ、麻呂の私財を調べさせた。すると、良書の上には「皇太子の書」と記され、また宝物の上には、「皇太子の物」と書かれていた。その報告を受け、皇太子（中大兄皇子）は、はじめて麻呂の身の潔白を知り、後悔し、恥じ入って、嘆き悲しまれたという。そして、蘇我日向を筑紫《つくし》の大宰帥《おおみこともちのかみ》に命じたといい、人びとはこれを「隠流《しのびながし》（左遷《させん》）か」と噂《うわさ》し合ったという。

皇太子の妃《きさき》、蘇我造媛《そがのみやつこひめ》（遠智娘か）は、父親が「塩（物部二田造塩）」のために斬られたと知り、心を傷つけてしまった。そして、「塩」の名を聞くことを憎んだ。周囲の者も気を遣い、「塩」とは言わずに「堅塩《きたし》」というようになった。だが、蘇我造媛は、心を痛め、そのまま亡くなったという。

なぜ遠智娘は「塩」に発狂したのか

さて、これが麻呂の悲劇的な最期である。

いっぱんに麻呂という存在は、改革事業のお荷物になって、だからこそ中大兄皇子らに切り捨てられたのだと考えられている。

革新的な行政改革を推し進めたい中大兄皇子や中臣鎌足にとって、既得権を振りかざして邪魔になったのが麻呂であり、これを排除するために、中大兄皇子が仕掛けた事件ではないかとされているわけである。

また、麻呂が、天皇に忠誠を誓って潔《いさぎよ》く死を選んだ場面について、『日本書紀　3』（新編日本古典文学全集　小学館）の補注は、次のようなクールな解釈を行っている。

これは大臣の二人の娘及びその子（持統天皇と元明天皇）によって、事実以上に美化された結果という見方もできる。

しかしこれでは、麻呂の霊も浮かばれない。『日本書紀』は麻呂の死を、けっして美化していない。それどころか、麻呂の死をもてあそんでいる。

それに気づかないのは、「蘇我＝悪」というこれまでの常識に縛られているからにほかならない。そしてもちろん、その呪縛《じゅばく》をつくったのは、『日本書紀』である。

『日本書紀』の悪のりした記事を紹介しよう。

遠智娘が亡くなり、中大兄皇子は大いに悲しんだ。そこで野中川原史満《のなかのかわらのふびとみつ》なる者が、次の歌を献上したという。

山川《やまがは》に　鴛鴦《をし》二《ふた》つ居《ゐ》て　偶《たぐひ》よく　偶《たぐ》へる妹《いも》を　誰《たれ》か率《ゐ》にけむ　其一《それひとつ》

本毎《もとごと》に　花《はな》は咲《さ》けども　何《なに》とかも　愛《うつく》し妹《いも》が　また咲《さ》き出来《でこ》ぬ　其二《ふたつ》

歌の大意は、「山や川にオシドリのように仲良くならんでいたのに、誰が媛《ひめ》を連れ去ってしまったのでしょう」、というのが最初の歌。二番目の歌は、「こうして花は咲いているのに、どうして愛《いと》しい媛は、ふたたび咲いてこないのでしょう」、というものである。

これを聞いた中大兄皇子は、「よい歌だ。悲しいことだ」と嘆かれたという。

しかし、この記事は遠智娘の死を愚弄《ぐろう》している。というのも、遠智娘を追いつめたのは中大兄皇子自身であった疑いが強いからである。その証拠に、孝徳天皇が飛鳥に派遣した兵は、麻呂の死を知り、難波に引き返している。ところが翌日、どこからともなく兵が山田寺に集まり、麻呂らの屍をずたずたに切り裂いたのである。

状況から察して、この兵士たちを派遣したのが中大兄皇子であり、これは計画的な犯行であろう。

つまり、妻の発狂は中大兄皇子の仕業であり、『日本書紀』も中大兄皇子も、蘇我を恨み、呪《のろ》い、「蘇我殺し」を楽しんでいるかのようなところが見え隠れする。

また、発狂して亡くなった遠智娘が、なぜ「塩」を見ることも聞くこともいやになったか、その理由を探っていくと、中大兄皇子たちの猟奇的な犯罪に、やりきれないものを感じるのである。

そしてここに、先述した山田寺と麻呂の生首が、見えない因果で結ばれていたことに気づくのだ。

これがいったい何を意味しているのか、少し説明が必要だろう。

生首を「スシ」にした百済《くだら》王豊璋《ほうしょう》

すでに触れたように、遠智娘は、父が「塩」を名に持つ人物（物部二田造塩）に切り刻まれたことを聞き、「塩」の言葉を忌《い》み嫌《きら》い、のちに、発狂して亡くなったという。

それにしても、ここにある「塩」は、じつに不審だ。父の屍が「塩」という名の人物に斬られたから「塩」に恐怖を覚えるようになったという話は、あまり現実的ではないし、作り話にしてもできが悪すぎる。

だいたい、麻呂を追いつめたのは中大兄皇子であり、そうであるならば、遠智娘は屍を切り刻んだ「塩」なる人物ではなく、まず自分を裏切った夫に対して憎悪《ぞうお》の念が向けられるべきであった。

つまり、遠智娘の感じた「塩」は、「名」ではないだろう。そのような抽象的なものではなく、もっと具体的で即物的な「塩」に、遠智娘は恐怖し、発狂していったのではなかったか。

なぜこのようなことを言い出したかというと、遠智娘が「塩」に怯《おび》えるオカルトじみた理由が、『日本書紀』にしっかりと記されていたからである。

それは意外な場所に記されていた。麻呂一族滅亡事件から十三年後の天智元年（六六二）のことだ。

このころ、倭国《わこく》は大変なことになっていた。

朝鮮半島の西南部の百済が滅亡したが、百済の名将鬼室福信《きしつふくしん》は唐と新羅《しらぎ》を相手に百済復興ののろしを上げた。そして日本に救援を求め、中大兄皇子はこれに応じ、人質として来日していた百済王・豊璋を本国に送還するだけではなく、百済復興、救援のための大遠征を決行したのである。

鬼室福信は帰国した豊璋を「国王」として迎え入れ、反撃の態勢は整ったのである。

ところが、ここで悲劇が起きる。

鬼室福信の人望の高さに豊璋が嫉妬《しっと》したのだった。よほど豊璋という人物は猜疑心《さいぎしん》が強かったのだろうか。鬼室福信に謀反《むほん》の疑いがあるとして捕縛し、有無を言わさず首を切り落としてしまったのである。

『日本書紀』にはこのあとのこととして、奇妙なことが書かれている。それによると、鬼室福信の首を「醢《すし》」にしてしまった、というのである。

ここにある「醢」は、食べる寿司《すし》ではない。罪人の首を晒《さら》しものにするために、腐らないように工夫をした。すなわち鬼室福信の首は塩漬けにされたわけである。

このような風習は、当時日本には伝わっていなかったとされているが、問題は、「醢」を作らせた百済王・豊璋が、中大兄皇子の懐刀《ふところがたな》・中臣鎌足と同一人物であった疑いが強いことなのである。

豊璋の来日ののちに中臣鎌足が歴史に登場し、豊璋が百済に召喚されると、中臣鎌足もまた中大兄皇子の前から姿をくらましている。百済と倭国が唐と新羅の連合軍に敗れ、豊璋が行方しれずになったあと、ふたたび中臣鎌足が中大兄皇子の前に姿を現している。

中臣鎌足を百済王・豊璋と考えることで、多くの謎《なぞ》が解け、つじつまが合ってくる。中臣鎌足の知略（というよりも、悪知恵）によって中大兄皇子は権力を手に入れたが、その見返りとして、百済救援に向かったのだろう。そうとでも考えない限り、負けると分かっている戦争に突き進んだ意味が分からない。

ヤマト朝廷の外交政策は、五世紀来、百済を重視し、その伝統は六世紀まで続いた。だが、七世紀の蘇我の王権は、親百済一極外交をとらなかった。聖徳太子は中国大陸との交流を重視し、蘇我氏もまた、かつての敵対国・新羅との間に交流をもとうと働きかけていたから、それまでの偏《かたよ》った方針をあらため、大きく舵《かじ》を切ったことは間違いない。

じつを言うと、乙巳の変の入鹿暗殺の最大の目的は、このような外交方針を元に戻すことだったのではないかと思える節がある。その証拠に、入鹿の死をひとり嘆いてみせた古人大兄皇子は、入鹿が「韓人《からひと》」の手で殺されたと叫び、『日本書紀』は分注で、この「韓人」とは、ようするに「韓　政《からのまつりごと》」を意味している、としている。「韓政」とはヤマト朝廷の外交方針にほかなるまい。

朝鮮半島で孤立しつつあった百済に肩入れすることに、もはや「利」はなかった。したがって、蘇我氏の取った外交方針こそ、現実的であった。それを無理矢理覆《くつがえ》したのは、中大兄皇子の懐刀・中臣鎌足である。なぜ中臣鎌足が百済に固執したのかといえば、この人物が百済王・豊璋と考えることで理解できる。

山田寺の廃墟《はいきょ》にたむろする怨霊《おんりょう》？

百済王・豊璋が中臣鎌足であるとすると、二つの事件が一本の糸でつながってくる。

ひとつは鬼室福信の首が飛んだ事件で、もうひとつが遠智娘の狂死である。すでに触れたように、遠智娘は「塩」の名を忌み嫌い、狂死した。しかし、「塩」という名のつく人物が父を切り刻んだから発狂したというのは、どうにも現実的ではない。ところが、「豊璋＝中臣鎌足」が、「塩」の意味をはっきりさせる。

豊璋は名将・鬼室福信の活躍を妬《そね》み、斬殺《ざんさつ》し、しかも屍《しかばね》を「醢＝塩漬け」にした。豊璋はそれ以前、日本で中臣鎌足として暮らしていたころ、中大兄皇子に知恵を授け、麻呂の首を塩漬けにし、戦利品としてアジトに持ち帰らせたのではなかったか。「醢」という風習が当時まだ日本には伝わっていないにもかかわらず、麻呂の首が塩漬けにされたとなれば、それをしでかしたのは、中大兄皇子の懐刀・中臣鎌足（豊璋）こそ相応《ふさわ》しい。

そして誰に見せたかと言えば、麻呂の娘の遠智娘であり、「塩」まみれの父の変わり果てた姿を見た遠智娘は「塩」に恐怖し、発狂したと考えられる。

なぜ中大兄皇子はこれほど無惨《むざん》なことをしでかしたかと言えば、「蘇我」に対する憎悪であり、怨恨《えんこん》にほかなるまい。遠智娘の結婚は蘇我入鹿暗殺のための姻戚《いんせき》関係の構築のため、と『日本書紀』は記し、また最初、長女が蘇我日向にさらわれ、急遽《きゅうきょ》遠智娘が嫁入りしたとするが、じっさいには、中大兄皇子らが遠智娘を飛鳥の地で掠奪《りゃくだつ》

蘇我倉山田石川麻呂と山田寺仏頭の謎

山田寺

（蘇我倉山田石川麻呂《そがのくらやまだいしかわのまろ》を弔う）

丈六三尊像《じょうろくさんぞんぞう》を鋳造

↓

藤原氏の氏寺の興福寺の僧兵が
略奪して本尊にする

応永１８年の火災で首だけ焼け残る

||

「醢《すし》」にされた麻呂の執念がのりうつる？

麻呂も謀反の疑いで滅ぼされ、
首を塩漬けにされる

⇩

後に名誉回復

したというのが、本当のところだったのではなかったか。

こうしてみてくると、麻呂が蘇我入鹿を裏切り、遠智娘を中大兄皇子に差し出したという話、蘇我氏内部に亀裂《きれつ》が生まれていたという『日本書紀』の設定に、大きな疑惑が浮かび上がり、さらには、麻呂が、蘇我入鹿の遺志を引き継いでいたからこそ中大兄皇子らに邪魔にされ、しかも凄惨《せいさん》な手段で屍をもてあそばれていた疑いが強くなるばかりなのである。

そして、ここでようやく山田寺に話を戻すならば、この地で麻呂の死後、麻呂の菩《ぼ》提《だい》を弔うために丈六仏が作られたこと、そしてその本尊が、やがて藤原氏の氏寺《うじでら》興福寺の僧兵たちの手で掠奪されたことは、じつに因縁めいていたことが分かる。

また、興福寺の本尊となった丈六仏であったが、興福寺の罹災《りさい》ののち、首の上だけが奇跡的に残ったという話は、まるで「醢」にされた麻呂の執念が丈六仏にのりうつったかのようではないか……。

とにもかくにも、麻呂は、中大兄皇子らに対し、強い憤《いきどお》りを胸にしまい込み、この世を去ったわけであり、それ以上に問題なのは、麻呂を滅亡に追い込んだ者たちが、こののち麻呂の祟《たた》りに怯えていったであろうことである。

祟る麻呂……。その証拠は、まさに山田寺の回廊に残されていたのである。回廊が傾き、草が生え、まるで廃墟のような不気味さを漂わせていたに違いない。誰かがこの土地を有効に再利用してもよかったわけである。だが、崩れそうになっている回廊を見ても、だれもが見て見ぬふりをした。それはなぜかと言えば、「あっこは出よる」という共通の認識があったからとしか思えないのである。

ずいぶんと遠回りをしてしまったようだ。

しかし、「蘇我が祟る」というのは、ある時期まで常識のようなところがあって、だからこそ倒れた山田寺の回廊の上に、土は堆積《たいせき》していったのではあるまいか。

このように、蘇我はどこから見ても「祟る者」なのである。

となれば、正義は蘇我にある。

第三章　謎《なぞ》めく蘇我氏の出自

『日本書紀』は蘇我氏の何を隠匿《いんとく》してしまったのか

蘇我が祟《たた》っていたこと、しかも多くの人びとが、「蘇我は祟る」という認識を共有していたことは、実に重大な意味を持ってくる。なぜなら、『日本書紀』によって大悪人と記録された蘇我氏が、じっさいには「正義」であった可能性が高くなるからである。

ならば、『日本書紀』は蘇我氏の正体を抹殺するために、多くの嘘《うそ》をつき、多くの事実を隠匿してしまったに違いないのだ。

その一つひとつを、われわれは再現することはできるのだろうか。そして、蘇我氏の正体が明らかになったとき、どのような歴史像が飛びだしてくるというのだろう。

まずここで注目しておきたいのが、『日本書紀』によって闇《やみ》に葬《ほうむ》られてしまったであろう蘇我氏の「出自」についてである。というのも、『日本書紀』は、蘇我氏の祖がいったい誰であったかを、まったく黙秘してしまっているからである。

つまり、蘇我氏最大の秘密はその「出自」にほかならない。

「蘇我」の『日本書紀』における初出は、履中《りちゅう》二年冬十月の次の記事で、蘇賀満智宿《そがのまちのすく》

蘇我氏の記述をめぐる謎

<table>
<tr><th></th><th>『日本書紀』</th><th>『古事記』</th></tr>
<tr><td>初登場</td><td>第17代履中天皇
(5世紀前半)の時代
蘇賀《そがの》(我)満智宿禰《まちのすくね》
(武内宿禰との
関係の記述なし)</td><td>第8代
孝元天皇の時代
蘇賀《そがの》(我)石河宿禰《いしかわのすくね》
(建内宿禰の子孫と
の記述)</td></tr>
<tr><td>一般的な解釈</td><td colspan="2">『日本書紀』の記述は6世紀以前は信憑性なしとする。戦前は『古事記』の系譜が信じられてきたが、戦後は疑問の余地が残るとされた。</td></tr>
</table>

禰《ね》なる人物が、五世紀前半ごろの在位とされる第十七代履中天皇の時、国政に参加したというのだ。

一般に、『日本書紀』の記事は六世紀以前はあてにならないといわれているから、ここにあるように、蘇我満智が本当に活躍したのかというと、はっきりしたことは分からない。

蘇我氏が確実に勃興《ぼっこう》し、政界で活躍をはじめたのは、六世紀以降のことで、継体《けいたい》天皇の登場後のことと考えられている。そして、一般によく知られている「蘇我」の二文字を使うようになったのは、それほど古いことではないようである。

たとえば、「ソガ」には、多くの字を当てることができる。巷奇、宗我、宗賀、曾我、宗何、忌宜、忌哥、蘇賀などで、文書によって異なった字を使っている。これは、「ソガ」の音がこの一族の名として大切だったからにほかならず、私見はこの名が出《いず》雲《も》の地名「スガ」からきているように思えてならない。

ただここでは、余計な先入観を排除して、蘇我氏の出自を見つめ直してみたい。

蘇我氏の起源をめぐっては、『古事記《こじき》』の第八代孝元《こうげん》天皇の条に、次のような記述がある。

孝元天皇と内色許男《うつしこお》の娘・伊迦賀色許売命《いかがしこめのみこと》の間に比古布都押之信命《ひこふつおしのまことのみこと》が生まれた。

その比古布都押之信命が木国造《きのくにのみやつこ》の祖・宇豆比古《うづひこ》の妹・山下影日売《やましたかげひめ》を娶《めと》って生んだ子が建内宿禰《たけのうちのすくね》（『日本書紀』では武内宿禰《たけのうちのすくね》）で、この人物の九人の子（男七人、女二人）を羅列し、さらにその子孫の氏族を書き連ねている。

ここではっきりと、蘇我氏が、建内宿禰から枝分かれした氏族であることが記されている。

これに対し、『日本書紀』は、少し様子が異なる。

第八代孝元天皇が伊香色謎命《いかがしこめのみこと》（『古事記』にいう伊迦賀色許売命《いかがしこめのみこと》）を娶って生まれた子が彦太忍信命《ひこふつおしのまことのみこと》とあり、この人物が武内宿禰の祖父であることが記されているのだが、武内宿禰が蘇我氏とつながっていたのかどうか、まったく記述がない。

では、蘇我氏の出自をどこに求めればいいのだろう。

武内宿禰と蘇我氏を切り離した戦後の史学界

戦前の史学界は、『古事記』の掲げた系譜をそのまま援用し、蘇我氏は第八代孝元天皇から分かれたヤマト土着の豪族に違いない、と考えていた。

ところが戦後になると、文献批判が深まり、『日本書紀』や『古事記』の記述をそっくりそのまま信じるわけにはいかないとする考え方が主流となった。

しかも、『日本書紀』や『古事記』の第二代から第九代にいたる天皇家の記述が歴史として認められない、ということになったわけだから（いわゆる闕史《けっし》八代《はちだい》）、第八代の天皇の末裔《まつえい》という蘇我氏の出自も、当然のことながら疑われることとなったのである。

だいたい、武内宿禰という人物自体、存在が怪しい、ということになった。

これは余談だが、武内宿禰は、戦前の有名人であった。というのも、神功《じんぐう》皇后とともに、新羅《しらぎ》征伐の英雄と持ち上げられ、お札の顔になっていたからである。朝鮮半島や中国大陸に出兵していたこの時代、武内宿禰は蘇我氏の祖というよりも、男装して朝鮮半島を征討した女傑・神功皇后の忠臣として称《たた》えられていたわけである。

では、そもそも武内宿禰とは、どのような人物として『日本書紀』や『古事記』に描かれていたのだろう。

まず、『日本書紀』と『古事記』では、記述にいくつかの差が見られる。

『日本書紀』には武内宿禰の名で登場するが、『古事記』には建内宿禰とあり、また『日本書紀』では孝元天皇の曾孫とあるのに対し、『古事記』は孫といった具合だ。

『日本書紀』における武内宿禰の活躍は、景行《けいこう》五十一年の正月の次のような記事にはじまる。

　それによれば、このとき群卿《まえつきみたち》を集めて賀正の宴を開いていた。ところが皇子の稚足彦尊《わかたらしひこのみこと》と武内宿禰が出席しなかった。不審に思った天皇が召されると、次のような弁明がかえってきた。

「宴楽《とよのあかり》の日は、みな心がゆるみ、国家のことは忘れがちです。ですが、こういうときに奸計《かんけい》を持った者が現れれば、非常に危険です。そこでわれわれは、非常の事態に備え、警備していたのです」

　天皇はこの言葉を聞いて、特に寵愛《ちょうあい》し、その年の八月には、武内宿禰を棟梁之臣《むねはりのまえつきみ》（棟木と梁のように国家を支える重責を担《にな》う大臣、ということ）に任命したのである。

　このののち、武内宿禰は天皇家の忠臣として抜群の功績を残していく。『古事記』には成務《せいむ》・仲哀《ちゅうあい》・応神《おうじん》・仁徳《にんとく》の四朝（神功皇后も入れれば五朝）、そして『日本書紀』では、成務朝の前に景行朝も入れている。この間およそ三百年という目もくらむような時間、武内宿禰はまるで不死鳥のように、長寿を全《まっと》うしたとも言う。

　また、武内宿禰には、いくつもの顔がある。まず、「政治家」であり、さらに、神功皇后に仕えたときは、宗教家としての顔ものぞかせていた。神と人の媒介になり、神の言葉を解いて人びとに聞かせる役目である。また、すでに触れたが、武内宿禰は現実離れした長寿の人であった。

このように、「記紀《きき》」には、武内宿禰が「超人」として描かれているわけである。成務、景行、仲哀あたりの天皇は、実在していたかどうかじつに怪しいと考えられているわけだから、当然のことながら、武内宿禰自体も、架空の存在にすぎないと考えられるようになった。

そして、武内宿禰が実在しないのなら、『古事記』に描かれた武内宿禰の末裔としての蘇我氏という系譜も、まったくのでたらめと信じられているわけである。

蘇我は「石川」から生まれた？

このように、武内宿禰が実在したかというと、一般には、じつに怪しいということになった。

そして、『公卿補任《くぎょうぶにん》』や『上宮聖徳法王帝説《じょうぐうしょうとくほうおうていせつ》』などの系譜を重ねてみると、蘇我氏の祖で共通するのは、武内宿禰の子「蘇我石河」であったことになる。どの系譜をたどっても、かならず「蘇我石河」で合流してしまうわけである。さらに、蘇我氏は七世紀の後半にいたり、石川氏と姓を改めていくところから、蘇我氏の出自を解く鍵《かぎ》は、

「石河（石川）」にあるのではないか、とする説が有力視されるようになってきた。

蘇我が石川と姓を改めたのち『日本書紀』における初出は天武《てんむ》十三年（六八四）で、他の氏族とともに「朝臣《あそみ》」の姓《かばね》を賜ったという記事に出てくる。

この「石川」は、蘇我の中のどの流れかというと、乙巳《いっし》の変で蘇我入鹿《そがのいるか》暗殺に荷担したとされる蘇我倉山田石川麻呂《そがのくらやまだいしかわのまろ》の弟（の疑いが強い）の連子《むらじこ》の末裔に当たる。『続日本紀《しょくにほんぎ》』和銅六年（七一三）十二月の条には、石川朝臣宮麻呂《いしかわのあそみみやまろ》を近江《おうみ》朝の大臣・蘇我大臣連子の第五子と記している。

なぜ七世紀の段階で、蘇我氏の姓が「石川」に入れ替わったのかと言えば、蘇我氏の本貫が、河内《かわち》の石川地方にあったからだ、とする考え方がある。

では、「石川」とは何かと言えば、古代においては「住んでいる場所」をそのまま氏の称にしたのだから、「石川」も河内にあった「石川」であり、ここから蘇我氏が出現したとする考えが有力視されるようになった。

その証拠に、十世紀初頭に編纂《へんさん》された六国史《りっこくし》の第六番目の『三代実録《さんだいじつろく》』には、平安時代中頃の元慶《がんぎょう》元年（八七七）十一月二十七日条に、石川朝臣木村《いしかわのあそんきむら》と箭口朝臣岑業《やぐちのあそんみねなり》のそれぞれに、宗岳《そが》朝臣の姓を賜ったとあり、さらにこれに続けて、石川朝臣木村の次のような言葉を載せている。

それによれば、石川朝臣の祖・武内宿禰の子・宗我石川は、河内国の石川の別業《なりどころ》に生まれたから「石川」を名にした、というのである。

このことから、「蘇我」が「蘇我石河」の末裔という系譜は後世の付会《ふかい》である可能性は残るにしても、「蘇我」と地名の「石川」が強く結びついていたという推理自体は、根強く支持されているのである。

蘇我氏渡来人説

これに対して門脇禎二《かどわきていじ》氏は『蘇我蝦夷・入鹿』(吉川弘文館)の中で、蘇我氏渡来人説を展開している。

まず門脇氏は、蘇我＝河内石川本貫説を否定してかかる。

たしかに先の『三代実録』には、「石川」は武内宿禰の子の「宗我石川」が生まれた場所と書かれている。しかし「石川」は「別業」とある。あらためて述べるまでもなく、「別業」は、現代的に言えば「別荘」であり、「本貫」とは性格を異にしている。とするならば、「蘇我」＝「石川出身説」を取るわけにはいかなくなるというわけだ。

では、蘇我氏はどこからやってきたのだろう。門脇氏は、蘇我石河宿禰の子・蘇我満智に注目している。

石川（石河）という名が誕生したのは蘇我石河宿禰の時代ではなく、七世紀の後半に蘇我連子の末裔が名乗ったのであって、その時生まれた「石川」を先祖の名につけたという考えを踏襲した門脇氏は、「石川宿禰」が架空なら、実在した「蘇我」は、蘇我満智にはじまる、と指摘した。

だいたい、「満智」の名と「蘇我石河」や「武内宿禰（建内宿禰）」という名は異質であって、つながりを想定できないとした門脇氏は、蘇我満智を、百済《くだら》からの渡来人木満致《もくまんち》なる人物に比定している。

たとえば『日本書紀』応神二十五年には、次のような記事があると、門脇氏は言う。

この年、百済の直支《とき》王《おう》が亡くなられた。そこで、子の久爾《くに》辛《しん》が王に立った。ただ、王はまだ幼かったので、木満致が国政を執った。もっとも木満致は、王の母と密通し、また無礼な行為が多かったので、天皇は木満致を日本に召致されたのだった。

さらに『日本書紀』は続けて、『百済記《くだらき》』の記事を引用し、次のように補足している。

それによると、百済の将軍・木羅《もくら》斤資《こんし》が新羅を討ったときのこと、その国の女人を娶って生ませた子が木満致で、親の七光りで、任那《みまな》（伽耶《かや》）で専権を振るった。そののち百済にやってきて、貴国《きこく》（日本）と往来するようになった。日本の天皇の命令を受けているのだからと、我が国（百済）の国政をほしいままにした。天皇が木満致の横暴を聞きつけ、召致されたのだとある。

いっぽう『三国史記《さんごくしき》』（『百済本記』）には、西暦四七五年に百済の蓋鹵王《がいろおう》が高句麗《こうくり》の計略にはまり攻撃を受け、この危機に際し、木満致は蓋鹵王の子・文周《ぶんしゅう》とともに新羅に救援を求めるために南に向かったとある。こののち木満致の記事は出てこない。

どちらの記事が正しいのか、はっきりした答えは得られない。だが、この木満致が日本に渡り、蘇我氏の祖になったとするのが門脇氏の考えである。

その根拠のひとつが、蘇我満智と木満致の時代の重なりである。

蘇我満智はすでに触れた履中二年の記事に登場していたが、これを紀年通りに実年代に直すと西暦四〇一年となってしまう。

百済の木満致は五世紀末の人だから、この記事を取ると満智と木満致は別の時代の人ということになる。

ところが、この記事には大きな矛盾が潜んでいるという。というのも、満智らの「宿禰」「大連《おおむらじ》」「大使主《おおおみ》」という称呼が、バラバラの時代のものが寄せ集められているからだ。

日野昭《あきら》氏は『日本古代氏族伝承の研究』（永田文昌堂）の中で、称呼の不統一は所依の資料の多様な記載を反映したものではなかろうか。

としている。すなわち、後世の造作記事にほかならないとする。

これを受けて門脇氏は、履中朝の満智が造作なら、『古語拾遺《こごしゅうい》』に残された、「五世紀末の雄略朝に活躍した満智が宮廷の蔵を検校《けんぎょう》した」とある記事のほうが、信憑《しんぴょう》性があり、雄略朝では、さかんに渡来人系官人を重用していること、この時代に百済人木満致と蘇我満智は、ぴったりと重なってくるというのである。

また門脇氏は、蘇我入鹿が「林」とも呼ばれていたこと、その「林氏」は、『新撰《しんせん》姓氏録《しょうじろく》』には、百済人の末裔と記録されていることからも、蘇我氏が百済出身であった蓋然《がいぜん》性は高くなるとする。

蘇我氏の出自を無視した『日本書紀』

たしかに蘇我氏の祖たちは、満智や韓子《からこ》、高麗《こま》というように、渡来系を匂《にお》わす名をもっている。そして蘇我氏は渡来系のテクノクラートを活用し、先進の文物に敏感に反応した。だからこそ彼らも渡来人だったという発想は、当然起きてくるだろう。そしてそう考えることで、神道《しんとう》を死守する物部《もののべ》氏、仏教を導入しようとした蘇我氏、という図式が理解しやすくなるのもたしかなことだ。

また、伽耶から渡来したと思われる東漢《やまとのあや》氏などは、蘇我氏の飛鳥の拠点・甘樫丘《あまかしのおか》を警護し、また乙巳の変で入鹿が殺されたのちも、唯一《ゆいいつ》蘇我本宗家を守り抜こうとしたことで名高い。このような渡来系豪族の固い絆《きずな》も、蘇我氏の出自を暗示しているのかもしれない。

だが、ひとつどうしても納得できないのは、もし蘇我氏が五世紀後半に来日した渡来人だったとしたら、『日本書紀』はこの事実をなぜ公《おおやけ》にしなかったのか、ということである。蘇我氏は海の外からやってきた侵略者だと声を大にして叫ぶことができたのに、それをしなかったのはなぜだろう。

渡来人説以外の諸説も似たり寄ったりだ。武内宿禰に系譜を連ねた蘇我氏や葛城《かつらぎ》氏、さらには平群《へぐり》氏その他諸々《もろもろ》の豪族たちの系譜は、七世紀の後半に、各豪族たちがみずからの系譜を武内宿禰に結びつけることで、正統性を獲得しようとしたにすぎないと考えている。そして、このような推理が、今もっとも有力視されているのである。

蘇我氏の出自を「無視」した『日本書紀』の謎

「渡来系」だったという形跡

「満智《まち》」「韓子《からこ》」「高麗《こま》」などという名前

伽耶《かや》から渡来した東漢氏《やまとのあやし》との固い絆

『古事記』には武内宿禰とのつながりの記述

↓

『日本書紀』は両方を無視
出自に関しては沈黙を守る

だが、どうにも納得しかねる。もし通説どおり、蘇我氏の出自が正統ならざるものであれば、どうしても理解できないことがある。

『古事記』の中で蘇我氏は武内宿禰と結びつけられていた。もし仮に『日本書紀』の編者がこの事実を知っていたのなら、どういう理由で、『古事記』の「あやまり」を是正しなかったのだろう。

もし蘇我氏が七世紀の後半、系譜を捏造《ねつぞう》し、武内宿禰に無理矢理結びつけてしまったというのなら、『日本書紀』はこの系譜を「嘘《うそ》だ!」と、声を張り上げ、事実を『日本書紀』の文面に載せていたに違いないのだ。そして、蘇我氏を滅ぼしたことの正当性を獲得していただろう。蘇我氏は百済から渡来したエイリアンであり、そんな彼らに王家を乗っ取られようとしていたのだと糾弾できた。あるいは、蘇我氏が賤《いや》しい身分の出身ならば、それを明記してもよかっただろう。

だが『日本書紀』は、どちらの方策も採らなかった。彼らは、武内宿禰と蘇我氏のつながりを切り、蘇我氏の出自に関して、沈黙を守ったのである。

『日本書紀』が隠した蘇我氏の正統性

先述の『日本古代氏族伝承の研究』の中で日野昭氏は、『日本書紀』が武内宿禰と蘇我系氏族の系譜を分断してしまったことについて、「平然と無視」してしまったことは、「きわめて注目に価《あたい》する」と指摘した。

そして、その理由はどこにあるのかと言えば、『日本書紀』の編者が、武内宿禰と蘇我氏族のつながりが、けっして古いものではないと判断したからにほかならない、として、次のように記している。

すなわち、このような大きな相違はかんたんに書紀の編者の杜撰《ずさん》とは解されないであろうからもし伝写の過程での誤脱でもなければ、意識的に除外されたものとみるべきであろうが、それではどのような意図によるかといえば、書紀においては武内宿禰後裔氏族についての詳細な記述に大きな意味をみとめず、これを省くことを是としたによるのであろう。

なるほど、いかにもありそうなことである。

だが、これまでの『日本書紀』に掲げられた多くの豪族の系譜に対する考え方は、根本的に間違っているのではあるまいか。

通説は、豪族側が系譜を自己申告し、朝廷がこれを吟味したという形でできあがったと考えている。すなわち、豪族たちは自家の系図をいかに立派なものに見せかけるか、誰の末裔《まつえい》になれば通りがいいかに苦心し、逆に朝廷は、これら豪族の手管を見抜こうとしていた、ということになる。

たとえば直木孝次郎《なおきこうじろう》氏は、曾都毘古《そつびこ》（葛城襲津彦《かづらきのそつひこ》）と武内宿禰の系譜のつながりははやくからできあがっていたと指摘し、それにもかかわらず『日本書紀』がこれを採用しなかったのは、系譜が整理された時期に、ちょうど葛城氏が衰微していたからではないか、とも指摘している。

つまりこれらの説は、あくまで「公平な編纂《へんさん》姿勢によって書かれた『日本書紀』」を前提としたもので、正史が「善意によって作られた」という幻想をもっているからこその発想と言えよう。

たしかに、中世においても、新興の豪族たちは系譜の改竄《かいざん》・捏造など日常的に行っていた。だが、それをそのまま古代に当てはめていいのだろうか。

だいたい、豪族の政治力によって自分勝手な系譜を作ることができたというが、それはたしかにそうとしても、それ以上に自分勝手に系譜をいじることができたのが、『日本書紀』の編者であったことがあまりにも軽視されすぎているように思えてならないのである。

『日本書紀』は天皇家や藤原氏の正当性・正統性を証明するための歴史書なのであって、豪族の主張を通すための歴史書ではない。まして、七世紀に中臣鎌足《なかとみのかまたり》によって滅ぼされた蘇我本宗家が「正統ならざる系譜」を持っていたとすれば、当然『日本書紀』は鬼の首を取ったように、それを高く掲げたに違いないのだ。

『日本書紀』がそれをせず、あえて大豪族の中で蘇我氏だけ、その祖の姿を消してしまったのは、蘇我氏が公言できぬほど正統な一族であったからであろう。その系譜が後世に伝わってしまったら、中臣鎌足のみならず、藤原氏の「傷」になりかねないほど正統な家系だったからではあるまいか。

鬼の代名詞になった元興寺《がんごうじ》

蘇我が「正統な一族」であったことは、意外なところから明らかとなってくる。それは、蘇我がどういう理由からか、「鬼」とつながってくることである。

そもそも太古の日本では「鬼」と「神」が同意語だった。多神教の「神」には二面性があって、恵みをもたらすいっぽうで、災難や災害をもたらすもので、これは人智のおよばない「大自然」そのものといっていい。これが「神」の本質であり、「神」は基本的に恐ろしい存在なのである。

したがって、かつては「神」と「鬼」ははっきりと峻別《しゅんべつ》されていなかったし、どちらも畏敬《いけい》されるべき存在だった。ところが、『日本書紀』が編纂され、「鬼」が忌《い》むべきものと位置づけられて以降、「神」と「鬼」の差別が始まった。

中世に至ると、被差別民の中には自ら「鬼の末裔」を名乗り出る者が出現した。それは、「神＝鬼」という二面性が本来の姿であり、零落した「神」が「鬼」と呼ばれるようになったという歴史背景が隠されていたからなのである。

そして、突飛なことをいうようだが、誰も彼もが「鬼」扱いしてもらえたわけではない。「鬼」の烙印《らくいん》を押された者たちには、相応の「資格」がなくてはならなかったはずだ。それは、「神」に近い氏族であったことであり、だからこそ零落して「鬼」になったということになる。

すなわち、「鬼」との接点を持っていた蘇我氏は、「神」に近い一族であった疑いが強いのである。この一点は非常に大きな意味を持っている。

つまり、蘇我氏の出自を探る上で、これまで見過ごされてきたのは、「なぜ蘇我氏は鬼とつながっていたのか」ということなのである。

それでは、蘇我と鬼がどこでつながってくるのだろう。

蘇我と鬼の関係を端的に示している寺がある。それが奈良県奈良市の元興寺で、いつしか元興寺の名がそのまま「鬼」を意味するようになった。

これは、奈良市内でのみ通じる「方言」ではなく、鬼を意味する「ガゴウジ」「ガゴジ」は、れっきとした日本語になり、当然のことながら広辞苑も取りあげている。

なぜお寺の名が鬼を意味するようになったのだろう。そこで元興寺について、考えておきたい。

奈良市の元興寺は、飛鳥《あすか》の法興寺《ほうこうじ》（飛鳥寺）が前身だった。法興寺と言えば、中大《なかのおお》兄皇子《えのみこ》と中臣鎌足が打毬《うちまり》の会で劇的に出会ったとされる場所だが、この寺は蘇我氏の本拠地・飛鳥の地で今日まで続き、法興寺となり、かたや平城遷都《せんと》後に奈良市に建《こん》立《りゅう》された寺が元興寺と称されていくことになる。

貞観《じょうがん》四年（八六二）の太政官符《だいじょうかんぷ》には、法興寺について、「仏法が興った場所であり、聖の教えが最初に根付いた地である」という記述があるように、日本仏教の原点にほかならない。

『日本書紀』の崇峻《すしゅん》天皇即位前紀には、法興寺にまつわる次のような記事が残されている。それによれば、用明《ようめい》二年（五八七）の蘇我馬子《そがのうまこ》と物部守屋《もののべのもりや》の仏教導入をめぐる戦乱の中で、聖徳太子《しょうとくたいし》は四天王寺《してんのうじ》の造立を誓願したが、このとき、蘇我馬子も同様の誓願を行っていた。これが、法興寺建立のきっかけとなったらしい。

推古《すいこ》四年（五九六）には、高句麗の恵慈《えじ》と百済の恵聡《えそう》が、六年後の推古十年には、暦法《れきほう》・天文地理・遁甲方術《とんこうほうじゅつ》の書を携えた百済の観勒《かんろく》が僧正《そうじょう》に任じられ法興寺に入ったという。日本における仏教界の最先端を走るそうそうたる顔ぶれがここに集まったわけである。ちなみに、法興寺の伽藍《がらん》がそろったのは、数々の文献の記述からは推古四年ということになるが、じっさいには推古十七年のことではないかと考えられている。

このように、法興寺は、蘇我氏全盛の時代、蘇我氏の経済力、政治力を背景に建立されたことは間違いない。いわば「蘇我の寺」が法興寺だったことになり、またいっぽうで、「蘇我」こそが「国家」であったこの時代、法興寺は朝廷を巻き込んだ国家の寺にもなっていった。そして、蘇我本宗家滅亡後は官寺となって、朝廷の管理の元に置かれたのである。

ちなみに、壬申《じんしん》の乱を制覇し飛鳥に君臨した天武天皇は、法興寺を重視し、薬師寺《やくしじ》や大官大寺《だいかんだいじ》（大安寺《だいあんじ》）といった他の大きな寺々とのあいだに、封戸《ふこ》（サラリーマンで言えば月給）で格段の差をつけている。なぜかと言えば、天武天皇が「蘇我寄り」の天皇だったからである。

平城京遷都に抵抗した法興寺

法興寺最大の転機は、和銅三年（七一〇）に都が盆地南部の藤原京から盆地北部の平城京に遷《うつ》されたことだった。遷都とほぼ同時に、藤原京の諸寺院は新京に移されることになった。

真っ先に平城京に移ったのは厩坂寺《うまさかでら》で、平城京の東側の高台の一等地に根を下ろした。これが藤原氏の氏寺興福寺《こうふくじ》である。

こののち大官大寺が霊亀《れいき》二年（七一六）に移転し大安寺となり、薬師寺はその二年後に平城京に建立がはじまった。

問題の法興寺だが、貞観四年（八六二）の太政官符には、「平城遷都が行われたとき、諸寺は移ったが、ひとり法興寺だけが元の場所にとどまった」と記されている。

ただし『続日本紀』の道昭《どうしょう》没伝には、和銅四年（七一一）八月に飛鳥の法興寺の一部、禅院《ぜんいん》が新京に遷されたとある。もっともこれは、現在の元興寺の所在地とはかなり離れた場所（右京四条）であった可能性が高いし、あくまで法興寺の一部の禅院だけが移ったわけである。

ちなみに、法興寺の禅院には、道昭が唐《とう》から持ち帰った大変貴重な経典《きょうてん》が備わっていて、この経典が大きな意味をもっていたのではないか、とする説もある（岩城隆利《いわきたかとし》『元興寺の歴史』吉川弘文館）。すなわち、平城京の仏教界が、法興寺の「禅院」を熱望したのではないか、ということである。

なるほど、そういう理由も大いに関わりがありそうである。では、それならばいっそのこと、なぜ法興寺は、平城京に移らなかったのだろう。『続日本紀』によれば、養老《ようろう》四年（七二〇）には、平城京にはすでに四十八にのぼる寺々が存在していたという記述がある。この寺の中に、法興寺（元興寺）は含まれていたのだろうか。

『続日本紀』霊亀二年（七一六）五月の記事に、元興寺は左京六条四坊に建立されはじめたとあるが、これは「住所」が嚙《か》み合わず、大安寺の建立記事が間違って挿入されたのではないかとされている。もうひとつ、やはり『続日本紀』の養老二年（七一八）の記事に、「法興寺が新京に遷った」という記事があり、こちらが本来の元興寺建立記事であろうとされている。そして、飛鳥の法興寺を「本元興寺」、平城京の新しい寺を「元興寺」と呼ぶようになったわけである。

このような複雑な法興寺の遷都がなぜ起きたのか、なぜ法興寺はひとり飛鳥に残り、その後分裂するかのようにして平城京に移ったのだろう。

ここで注意すべきことは、法興寺の平城京遷都をめぐる本質的な問題は、なぜ法興寺がおくれて平城京に移ったのか、ではないということだ。飛鳥の古い寺々は平城京遷都とともに寺地を移し、跡形もなく消えたのに、元の法興寺に限ってその後もなぜ、飛鳥の地に法興寺の建築物がそのままの形で残ったのか、ということなのである。

もちろんそれは、法興寺のささやかなレジスタンスとみるほかはない。というのも、平城京遷都を計画し実行したのが、ほかならぬ藤原不比等《ふじわらのふひと》であり、いうまでもなく、この人物は蘇我入鹿を抹殺した中臣鎌足の息子であった。蘇我をいじめ抜き、滅ぼして権力を手中にした藤原氏の都・平城京に移ることに、法興寺の僧の中には、強い抵抗感をもつ者もいたと考えられるのである。

鬼を退治した元興寺のガゴゼ

法興寺の抵抗を未練たらしいと笑い飛ばすことはたやすい。しかし、改革事業の先頭を走っていた蘇我氏の業績がそっくり藤原氏に横取りされ、蘇我氏は悪役として地に墜《お》ちようとしていた時代の法興寺の居座りに、強い同情を禁じ得ないのである。

いっぽう、長い物に巻かれて平城京に移った人びとも、「飛鳥」という「よき時代」

と「土地」に対する郷愁は残ったようである。飛鳥から移された元興寺の周辺を人びとは「平城《なら》の飛鳥」と呼び習わし、古き良き時代の飛鳥を偲《しの》んだらしい。

では、なぜ平城京の元興寺は、「鬼」の代名詞となっていったのだろう。『日本霊異記《にほんりょういき》』上巻第三の次の説話の中に、その起源をめぐるヒントは隠されていそうである。ちなみに『日本霊異記』は、平安朝初期に成立した因果応報を説く日本最古の仏教説話集である。

話のあらすじは、おおよそ次のようなものだ。

昔、敏達《びだつ》天皇の時代のこと、尾張国阿育知郡《おわりのくにあゆち》（名古屋市中区）にひとりの農夫がいた。田に水を引くときに、雨が降りだしたので、木の下に隠れ鉄の杖《つえ》を突き立てていた。ちょうどその時、雷鳴とどろき、農夫は何を思ったか、杖を振り上げてしまった。すると農夫の目の前に雷が落ち、小さな子ども（小子《ちいさこ》）になった。農夫が杖で突こうとすると、子どもは命乞《いのちご》いをし、その代わり、何か恩返しをするという。そして、楠《くすのき》の木で水槽をつくり竹の葉を浮かべるように指示した。そのとおりにすると、霧が巻き起こり、雷神は昇天し、蛇を頭に巻きつけた子どもが生まれ落ちていた。

雷神の子どもが十歳あまりになったころ、有名な力持ちの王がいた。雷神の子は、力比べをして、この王に勝った。

その後、小子（雷神の子）は、元興寺の童子《どうじ》となった。ときに、この寺の鐘つき堂に夜ごと死人が出るという事件が起きた。そこで童子は、災いを取り除こうと（ようするに鬼退治である）立ち上がる。

真夜中に鬼はやってきた。鬼の髪の毛を捕まえて引っ張り回し、夜が明けた頃、鬼は髪の毛も抜け落ち、さんざんな目にあって逃げていった。その鬼の髪の毛は、今でも元興寺に残されているのだという。

鬼の血のあとを追ってみると、鬼の正体が割れた。かつて、悪さをした寺の奴《やつこ》が埋められた辻《つじ》にたどり着いたからだ。鬼は、その奴の悪霊《あくりよう》であったことが分かった。

童子はこうして優婆塞《うばそく》（在俗の修行者）となって元興寺に住んだ。

あるとき、元興寺の田の水を、朝廷の諸王たちが邪魔をしてせき止めてしまった。そこで件《くだん》の優婆塞が「私にお任せを」と言い、尋常ならざる怪力ぶりを発揮し、水を確保した。それを見た諸王たちは、あまりのことに驚いて、二度と邪魔だてしなかったという。元興寺の田は、こうしてよく稔《みの》る良田となったのである。

寺僧たちはこの優婆塞のために正式な僧になるよう儀式を執り行ってくれ、めでたく出家した優婆塞は、道場法師《どうじようほうし》と名づけられた。

これが元興寺の鬼にまつわる『日本霊異記』の記事である。

ついでまでに述べておくと、道場法師の話には、後日譚《ごじつたん》がある。

聖武《しょうむ》天皇の時代、尾張国中嶋《なかじま》郡（稲沢市）の大領《たいりょう》・尾張宿禰久玖利《おわりのすくねくくり》（火明命《ほのあかりのみこと》二十世の孫か）の妻は力持ちで知られ、この女人は、道場法師の孫に当たった、というのである。

岩城隆利氏は、『元興寺の歴史』（吉川弘文館）の中で、道場法師の伝説を、次のように解き明かしている。


雷の子にあたる道場法師は、田に水を引いたり、井戸を爪《つめ》で掘ったりする水の神の力を持っており、農業を助ける法師であったことは、雷神が農業神であったことのしるしである。


としたうえで、元興寺の奴の霊が鬼となって災いをもたらすという思想は、「怨霊《おんりょう》思想のひとつ」にほかならないと指摘している。

まさに、『日本霊異記』の文面からは、このような民俗学的な考察が可能なのだが、元興寺の鬼をめぐる説話には、もうひとつの真相が隠されているように思えてならない。

だいたい、なぜ元興寺に限って、このように「鬼」のイメージが強いのか、これは偶然なのか。そして、なぜ東海の雄「尾張氏」が奈良の元興寺にからんでくるのだろう。

これらの謎《なぞ》を解くためにも、もう少し『日本霊異記』の説話を掘り下げてみよう。

さて、まずこの鬼の出る元興寺が、飛鳥と奈良市街二つの寺のどちらなのかをはっきりとさせておく必要がある。

奈良市の元興寺には、元興神絵馬《がごぜえま》が売られていて、その説明書きには、『日本霊異記』とそっくりな話が紹介されている。しかも、話の中の元興寺は、あたかも当寺であるかのように記されている。ということは、奈良市の元興寺が鬼の出る元興寺なのだろうか。どうやらそうではないようだ。

『日本霊異記』の元興寺の鬼にまつわる説話の時代設定は、敏達天皇の時代（五七二～五八五）としている。したがって、鬼の出る元興寺とは、奈良市街の元興寺ではなく、飛鳥の法興寺を想定していたことが分かる。

じっさい、平安時代の治安《じあん》三年（一〇二三）に、藤原道長《ふじわらのみちなが》が高野詣《こうやもうで》の途次、本元興寺（飛鳥の法興寺）に立ち寄り、伝来の鬼の髪の毛を見たという記事が、『扶桑略記《ふそうりやつき》』に残されている。

このことから、平安時代末期にいたるまで、「鬼の元興寺」は、飛鳥の法興寺のことを指していたことが分かる。

では、なぜ現在では奈良市街の元興寺が鬼の寺になったのかというと、中世にいたり、法興寺の伝承を元興寺側が借用し、「八雷神《やくさのいかづちのかみ》」、「ガゴゼ（元興神《がごぜ》）」として喧伝《けんでん》したのがきっかけであり、「がごぜにかまそ」と聞き分けの悪い子どもを脅す言葉にもなって世に広まったようである。

元興寺が鎮守社に選んだのは祟《たた》る御霊《ごりよう》社

まず第一に、なぜ飛鳥の法興寺（混乱を避けるため、以下飛鳥の元興寺を法興寺、奈良市街の元興寺をそのまま元興寺と呼ぶことにする）に限って、鬼との関係が有名になったのか、ということである。そして奈良市街の元興寺も、むしろ積極的に「鬼の寺」を利用し喧伝していったのはなぜだろう。

法興寺は後回しにして、元興寺に注目するならば、この寺も「祟り」と縁があって、だからこそむしろ積極的に「鬼」に接近していったのだろう。というのも、神仏習合によって、寺院と神社が共存していくようになると、奈良では東大寺や大安寺、薬師寺が八幡菩薩《はちまんぼさつ》を鎮守の神に選んでいったが、元興寺は鎮守社に「御霊社」を選んでいったからである。

御霊信仰は平安時代に勃興《ぼっこう》するが、この信仰は、どうすれば祟り神を静かにさせることができるのかという悩みから始まっている。菅原道真《すがわらのみちざね》のように、陰謀や政変によって無実の罪で追いやられ、殺された人びとがこの世を恨んで民衆に災いをもたらしていると信じられ、これを丁重に祀《まつ》ろうとしたのである。

ちなみに元興寺の御霊社の祭神は、奈良時代末期の井上内親王《いのうえないしんのう》と他戸親王《おさべしんのう》である。井上内親王と他戸親王の悲劇は、一種の王朝交替の軋轢《あつれき》によって生まれた。七世紀の天智《てんじ》と天武の兄弟の反目と対立が、八世紀に持ち越された形になったのだ。

天武系最後の称徳《しょうとく》天皇は、独身女帝で子がなかったため、皇位継承問題は複雑化し、結果、藤原氏が推す天智系の光仁《こうにん》天皇が即位した。

ただし、バランスを取るために、天武系の井上が皇后に立てられ、二人の間の子・他戸が皇太子に選ばれた。これで、天武系の天皇を推挙していた勢力に対しても、配慮を見せたことになる。

ところが、宝亀《ほうき》三年（七七二）三月、井上内親王は「巫蠱《ふこ》（まじないをし、人を呪《のろ》うこと）」をしたと密告されて皇后位を剝奪《はくだつ》されてしまうのである。状況から考えて、これが藤原氏の陰謀であろうことは容易に察しがつくが、『公卿補任《くぎようぶにん》』には、藤原百川《ふじわらのももかわ》の策謀であったと記録されている。

他戸親王も連座し、二人は幽閉され、三年後の宝亀六年四月二十七日、同じ日に二人は亡《な》くなってしまう。死因は明らかにされていないが、藤原政権の邪魔になったから、殺されたのであろう。

『続日本紀』には、二人の死後丁重に祀りあげたとあるから、罪のない者を殺した後ろめたさが、藤原氏にあったことは間違いない。二人は単純な謀反人《むほんにん》ではありえず、不遇の人であり、恨む人びとである。

『紹運録《じようううんろく》』には、二人は死んでのち竜になったといい、『水鏡《みずかがみ》』や『愚管抄《ぐかんしよう》』は、二人の祟りが藤原百川を苦しめたと記録している。

神と鬼を峻別《しゆんべつ》してしまった藤原氏

このように、奈良市街の御霊社の祭神・井上内親王と他戸親王は、祟る神であり、元興寺は、この恐ろしい神社を鎮守社に選んでいたことになる。

祟る神とはようするに「鬼」であり、ここでも元興寺は鬼と関わりを持っていたことなる。

ちなみに、「鎮守」とは、その地域を霊的な障害から守ることを意味するが、なぜ「祟る神社」が「守る神」になり得るのだろう。そして、なぜ元興寺は、「祟る神」を「守る神」に選んだのだろう。

ここで思い出されるのが、「ガゴゼ」のことだ。元興寺の元興神《がごぜ》は、祟る鬼を退治した英雄なのに、いつの間にか「鬼」となっている。

先述した元興神絵馬の説明文には、尾張の雷の申し子の話が載り、さらに続けて、次のように記されている。

この話から、邪悪な鬼を退治する雷を神格化して、八雷神とか元興神と称することになり、鬼のような姿で表現する様になりました。元興寺にまつわる鬼のことをガゴゼとか、ガゴジとか、ガンゴなどの発音で呼ばれ、日本全国にも伝わっているようです。

つまり、「元興寺の鬼」は、雷の申し子が退治した鬼ではなく、鬼退治をした雷の申し子そのものが、「鬼」として元興神になっていったというわけである。

なぜ鬼を退治した者が鬼なのだろう。これは、祟る鬼を守り神とした矛盾と相通じている。

多神教世界においては、神も鬼も同意語なのであって、鬼を退治する神は、鬼のように恐ろしい力を持っていなければならない。すなわち鬼のようにものすごい力を持った神とは、ようするに鬼なのである。

元興寺が鎮守社に御霊社を選んだのは、その祭神が人びとを苦しめる疫病《えきびょう》をもたらすとしても、逆に言えば、それだけの強い力を持った「鬼」なのであり、これを丁重に祀りあげ、「味方」にしてしまえば、この地を守る強力な神に変身する、ということなのである。

もっとも、だからといって誰もが好きこのんで祟り神を身近におきたがるわけではない。とくに、「祟られる」と恐怖を感じている神は、できるだけ遠ざけておいて祀りたいというのが人情というものであろう。それにもかかわらず、なぜ元興寺はあえて強力な祟り神を選んだのだろう。

それは、元興寺が井上内親王たちを追いつめた側ではなく、反対側の位置にいたからではなかったか。すなわち、祟り神とはいっても、元興寺は、井上内親王に対しやましい気持ちを持っていない。恨まれる筋合いはないばかりか、かえって「反藤原」

という共通点を持っているのである。

ところで、言い忘れていたが、本来同一であった「神」と「鬼」だが、ある時期を境に、両者の間に明確なラインが引かれていく。「鬼」には「悪」のイメージが付けられ、「神」に対峙《たいじ》するかのような図式が成立していったのである。

これがいつなのかというと、はっきりとした形で残っているのは、西暦七二〇年に編纂《へんさん》された『日本書紀』であった。そして、平安時代にいたると、それまで「モノ」と呼ばれていた「鬼」は、「オニ」と呼ばれ、完璧《かんぺき》に悪者扱いされ、零落していくのである。

では、なぜ八世紀に神と鬼が分離されたのかと言えば、その理由はすでに触れたが、もう少し説明を加えておこう。

つまりこういうことだ。ヤマトの神道祭祀《しんとうさいし》の中心的存在であった物部氏らが、藤原氏の台頭で衰弱させられ、藤原氏が「神道」そのものを乗っ取り、さらに神話を創作することで、物部氏らの「大きさ」を抹殺してしまったということなのである。

そして、神にもっとも近く正統な氏族である物部氏らに、「モノ＝鬼＝邪」の烙印《らくいん》を押すことで、藤原氏自身の正当性を捏造《ねつぞう》したのだ。

すなわち、中臣神道を創作した藤原氏が、神と鬼を峻別し、「聖」と「邪」に区別してしまったのである。

鬼と深く縁を結ぶ蘇我氏

とにもかくにも、ここで確かめておきたいことは、元興寺に限らず、「蘇我」と縁を持つ人びとや寺々は、どうしたことか、「鬼」と深いつながりを見せている、ということなのである。

その例をいくつか挙げてみよう。もっとも分かりやすい例は、蘇我系皇族・聖徳太子と彼を祀る法隆寺《ほうりゆうじ》であろう。

先述の『上宮聖徳法王帝説』の引用する法隆寺金堂《こんどう》の釈迦《しやか》三尊《さんぞん》像の光背銘《こうはいめい》は、聖徳太子の母をさして、「鬼」と呼んでいる。母親が亡くなられたときの記事に、「鬼前《かむさきの》大后《おおきさき》」と記されているからだ。『日本書紀』によれば、聖徳太子の母は穴穂《あなほ》部間人《べのはしひとの》皇女《ひめみこ》なのだが、なぜここで名に「鬼」がついたのだろう。

『上宮聖徳法王帝説』は、次のように付け足している。

それによれば、鬼前大后というのは、すなわち聖王《ひじりのおおきみ》＝聖徳太子の母で穴穂部間人皇女をさしていること、「鬼」というのは、「神」の意味だといい、「鬼前大后」を

「神前皇后《かむさきのおおきさき》」と呼んでいる。そして、なぜ「神前皇后」と申し上げるのかと言えば、皇后の同母弟の崇峻天皇が、「石寸神前宮《いわれのかむさきのみや》」に住まわれ、天下を治めていらっしゃったからだ、とするのである。

どうにも不可解な記事と言えよう。

最大の問題は、次の一点だ。「神」＝「鬼」という原則からは、「神前」が「鬼前」に変化しても、なんらおかしくはないのだが、『上宮聖徳法王帝説』が書かれた時代、「神」と「鬼」は明らかに峻別されていたこと、であるならば、なぜ「神前」をわざわざ「鬼前」に書きかえなければならなかったのか、ということであろう。しかも「聖者」聖徳太子の母の名を、わざわざ「神」を「鬼」にすり替える必要はない。いったい、これは何を意味するのだろう。何かしらの悪意がある、ということなのだろうか。

聖徳太子の異母弟・麻呂子《まろこ》親王も、鬼とは密接な関係にある。

丹後《たんご》の国の大江《おおえ》山《やま》の酒呑童子《しゅてんどうじ》と言えば、源《みなもとの》頼光《よりみつ》や坂田金時《さかたのきんとき》（金太郎《きんたろう》）らが退治した鬼として名高いが、それ以前に、麻呂子親王が大江山の鬼退治をしていた、という伝説がある。

元興神の例を出すまでもなく、鬼を退治する者は鬼であり、したがって麻呂子親王も「鬼」であった可能性がある。

ちなみに、大江山の鬼退治に金太郎のような童子が登場していたことは、深い理由があってのことだ。昔話の中で、鬼退治をする者は、童子と決まっている。桃太郎や一寸法師《いっすんぼうし》を思い浮かべれば、納得していただけるだろう。

なぜ「子ども」が鬼退治をできたのかというと、童子は「鬼」そのものであり、だからこそ、鬼を退治できるのは鬼のような力を持つ童子でなければならないと考えられていたのである。

童子と鬼がイコールで結ばれていた理由は、まず童子が生命誕生という「奇跡」あるいは、この世とあの世の境界にもっとも近い存在であるということ、さらには、童子のみが驚異的な成長力と生命力を持っているところから神聖視され、しかも荒々しい神と考えられたわけである。

ここにいう荒々しい神とは、「鬼」のような存在ということであり、ようするに鬼そのものを言っている。そして、この古代の「童子と鬼」の関係が、蘇我氏の正体を暴《あば》くうえで、重要な手がかりになってくるのである。

蘇我系皇族・聖徳太子が演じた童子（鬼）の鬼退治

童子が鬼のような強さで活躍したという話は、「昔話」の中だけではなく、『日本書紀』の中にも同様の話がある。

たとえば、ヤマトタケルは南部九州のクマソタケルを成敗するが、このときヤマトタケルは「名は日本童男《やまとおぐな》と曰《い》ふ」と、日本を代表する童子であることを高らかに宣言している。すなわち、日本で一番強い鬼は、この私だ、と言っているわけである。

童子と鬼がつながったところで、もうひとつ興味深い話がある。聖徳太子自身も童子の姿で「鬼」のような活躍をしていることだ。それを記録しているのは『日本書紀』である。

用明二年（五八七）七月、仏教導入をめぐる物部守屋と蘇我馬子の対立と政争は、ついに武力によって雌雄を決するときが来た。

河内国渋河《しぶかわ》（大阪府八尾市）の物部守屋の館《やかた》を、蘇我馬子率いる朝廷軍が取り囲んだのである。

多勢に無勢、勝敗は一気につくと思われた。ところが邸宅に稲を積んで城塞化《じょうさい》（稲《いな》城《き》）した物部守屋の抵抗は激しく、馬子の軍勢は矢を雨のように射かけ、みたび攻撃したが、みたび退却するありさまだった。

聖徳太子はこのとき十三歳で参戦していたが、戦況を冷静に分析していた。

「これでは守屋を破ることはできないだろう。願掛けをしないとなしがたいだろう」

といい、霊木《れいぼく》（白膠木《ぬりで》）を切り、四天王《してんのう》を彫り上げると、髪をたぐりあげ、誓いを立てた。

「今もし我をして敵に勝たしめたまわば、かならず護世四王《ごせしおう》のために寺を興しましょうぞ」

蘇我馬子もこれに倣《なら》い、

「諸天王《しょてんおう》、大神王《だいじんおう》たちが我らを助け守り勝つことがかなえば、寺を建て三宝《さんぼう》を守りましょう」

このように誓いを立てて兵を押し出すと、守屋勢はみずから崩れていったという。

戦後誓願通り建てられた寺が摂津《せっつ》の四天王寺（大阪市天王寺区）であったという。

さて、これが物部守屋滅亡事件だが、この中のどこに「鬼」が出てくるというのだろう。

まず注意しなければいけないのは、この戦いが「誓願」によってけりがついたということ、さらに、物部守屋は邸宅に「稲を積み上げた」と言っているが、これが「実戦向けの築城」などではなく、「呪術《じゅじゅつ》」であった疑いが強い。

問題は、大人が束になっても打ち勝つことのできない戦いが、たったひとりの童子の誓願によってあっけなく片付いた、という一点であり、童子が勝てたのは、これが呪術合戦だったからである。

ようするに、これは童子による鬼退治という昔話となんら変わるところがないのである。

そしてここに言う「童子」こそが、聖徳太子であったところに問題の根深さが横たわっている。

『日本書紀』はこのときの聖徳太子の髪型をわざわざ「束髪於額《ひさごはな》」と記録しているが、この髪型こそ、「童子」のそれであり、鬼のような神通力《じんつうりき》を発揮した聖徳太子の活躍によって、物部守屋のかけた呪いは解かれ、物部守屋は滅亡したという話が、この一節のテーマなのである。

ようするに『日本書紀』の編者は、聖徳太子を荒ぶる「鬼」と見ていたわけである。

一般にはなかなか受けいれてもらえないだろうが、じっさいに法隆寺にも、鬼は満ちあふれている。

法隆寺救世観音《ぐぜかんのん》に打ち込まれた楔《くさび》

法隆寺の鬼と聞けば、梅原猛《うめはらたけし》氏の「法隆寺怨霊《おんりょう》封じ込め説」を思い浮かべられる方も多いだろう。上宮王家滅亡事件の主犯は蘇我入鹿だが、じっさいには中臣鎌足が黒幕だったという推理で、蘇我氏の内部分裂を利用して、上宮王家を滅亡に追い込み、さらには、蘇我氏を衰弱させることに成功したとする。そして、聖徳太子の一族の祟りを恐れた中臣鎌足の末裔《まつえい》・藤原氏は、法隆寺に聖徳太子一族の怨霊を封じ込めたと考えたのである。

一世《いっせい》を風靡《ふうび》したこの斬新《ざんしん》なアイディアを無視することはできない。たとえば、梅原氏が指摘するように、法隆寺東院伽藍《とういんがらん》（夢殿《ゆめどの》）の救世観音の光背は、直接仏像の後頭部に打ち付けられている。さらに救世観音は、まるでミイラのような姿で眠らされていた。五百フィートの布でぐるぐる巻きにされたまま、秘仏として門外不出とされてきたのである。

明治時代、フェノロサと岡倉天心《おかくらてんしん》が法隆寺を訪れ、救世観音を閉じこめた厨子《ずし》の扉を開こうとしたとき、寺僧たちは大災害に見舞われるという言い伝えを信じていたから、恐怖に戦《おのの》いたのだという。

救世観音は、たんなる仏像ではない。聖徳太子等身像といわれている代物《しろもの》だ。ようするに、聖徳太子そのものが厨子の中に眠っていたわけである。そして、眠りから覚められては困る何かが法隆寺にはあった、ということになる。

このような伝承が残っていた事自体怪奇であり、オカルトじみていると考えるのが当然であろう。そして、梅原氏の指摘するように、何かしらの歴史の「秘密」と「裏」があったと考えられる。だが通説は、こういう発想を笑殺するだけだ。

もっとも、梅原氏が述べるように、上宮王家滅亡事件の黒幕が中臣鎌足だったから藤原氏が聖徳太子を恐れたかというと、この考えには無理がある。もしこの図式通りなら、藤原氏がまず恐れたのは聖徳太子ではなく、山背大兄王《やましろのおおえのみこ》の祟りであるはずなのに、山背大兄王とその一族はいまだに墓域も定かではなく、法隆寺における影も異常なほど薄い。

これまで述べてきたように、山背大兄王は『日本書紀』の仕掛けたカラクリの歯車のひとつなのであって、一度この偶像を度外視して法隆寺を考えてみる必要があるだろう。「山背大兄王」という要因がなければ、梅原説は成り立たなくなる。しかしいっぽうで、法隆寺は「祟る何者か」を祀《まつ》っていることは間違いないからだ。

いったい、法隆寺では何が祀られているのか。この謎《なぞ》をどのように解き明かせばいいのだろう。

法隆寺を席巻する鬼

ここで問題にしたいのは、法隆寺が「鬼」であふれている、ということである。

なにしろ、法隆寺と言えば、日本の仏教美術の粋を集めた場所として知られるが、仏像にはひとつの特徴があって、どうした理由からか、童顔童身のお姿が多いのである。

たとえば、聖霊院《しょうりょういん》の内陣《ないじん》には、本尊聖徳太子像を中心に、麻呂子王像、恵慈法師像、山背大兄王像、殖栗王《えぐりのみこ》像などが祀られるが、聖徳太子像を除いて、すべてが童顔童身である。山背大兄王らは聖徳太子の子どもだから童顔としても、聖徳太子の仏教の師にあたる恵慈法師まで子ども扱いされているのは、いかなる理由によるのか。

さらに、仏像の脇役《わきやく》で普段目につかない天蓋《てんがい》の木彫も、やはり童子であふれている。『原色日本の美術　2　法隆寺』(小学館)の解説には、天蓋についている天人の像はかわいらしい童顔である。

としてなんの疑問も寄せていないが、「かわいらしい童顔」は、食わせ者である。なにしろその正体は、「鬼」なのだから……。

梅原猛氏は、法隆寺に童顔童身の仏像が多いことについて、それは上宮王家滅亡事件で亡《な》くなられた幼い子どもたちの姿を写したものにほかなるまいとする（『隠された十字架』新潮社）。

だが、法隆寺のみならず、聖徳太子を祀る諸寺では、たいがい「太子孝養像《きょうようぞう》」なる童子像を祀っていて、このことが梅原氏の考えを否定しているように思われる。たとえば、上宮王家滅亡とはまったく関係のない飛鳥の法興寺にも、聖徳太子の童子像はたくさん祀られている。

ところで、絵画にも、聖徳太子と童子（鬼）が強いつながりを見せる代物がある。かつての一万円札の聖徳太子像のモデルとなった有名な「御物唐本御影《ぎょぶつとうほんみえい》」がそれだ。

唐本御影は法隆寺東院にあったものを、明治時代に皇室に献上されたものだ。推古五年（五九七）に百済王子・阿佐太子《あさたいし》が描いたものと言い伝えられるが、じっさいには八世紀の後半の作と考えられている。

この絵は、唐代の帝王肖像画の画法を模倣したところに特徴があって、中央の王を大きく、左右の従者を小さく描くのを特徴としている。

ただし、唐の帝王肖像画と唐本御影の間には、決定的な差がある。というのは、唐の帝王肖像画の中で、左右の従者が小さく描かれているのは、「王を大きく見せるための工夫」だからだ。つまり、従者は小さく見えても子どもではなく、その証拠に、口のまわりにふさふさとヒゲを生やしているのである。

ところが、唐本御影は、左右の人物を小さく描くという様式を模倣しつつ、じっさいに左右の人物が「童子」であるところに、違いを見いだせる。

これは、意図的で暗示的な手法である。ようするに、聖徳太子が鬼にはさまれている絵が、唐本御影にほかならないのである。

法隆寺の謎と蘇莫者《そまくさ》の謎

なぜ聖徳太子と童子は、こうまで強く結ばれているのか……。

それは、聖徳太子の問題ではなく、「蘇我」それ自身が、鬼と結びついていたからではなかったか。

聖徳太子が童子（鬼）にはさまれている絵、「御物唐本御影」（ぎょぶつとうほんみえい）。この絵は、一万円札のモデルとしても有名。

近年、聖徳太子は実在しなかったのではないかという推論が世をにぎわせている（大山誠一《おおやませいいち》『聖徳太子の真実』平凡社）。当然のことながら、強烈な反発も受けているのだが、私見は、聖徳太子の「聖」が蘇我入鹿の「悪」を際立《きわだ》たせるためのコントラストにすぎないと考えているから、大山説に共感する。

問題は、それならばなぜ、法隆寺のような、童子＝鬼が跋扈《ばっこ》するような不気味な寺が誕生したのか、と謎が残される。

さらに、聖徳太子が偶像とするならば、もうひとつ謎が生まれる。それは、なぜ聖徳太子の後頭部に光背を直接打ち込み、しかも布でぐるぐる巻きにして厨子に封印するようなことをしなければならなかったのか、ということである。

結論を先に言ってしまえば、いわゆる「聖徳太子」とは、藤原氏が蘇我氏の業績を横取りし、蘇我氏を悪役に仕立てるために蘇我氏の業績をすべて「ひとりの聖者」のものに仕立て上げるために用意した偶像にほかならなかった、ということであろう。

そして、なぜ「法隆寺」の鬼が生まれたかと言えば、それは「聖徳太子」を祀るように見せかけておいて、じっさいには、藤原が滅亡に追い込んだ「蘇我」の祟りを封じ込めようとしたからであろう。だからこそ、救世観音は、呪術をかけられ、厳重に鍵を閉められ、「開けたら大変なことになる」という伝説を残し、封印されてしまったわけである。

そして、このような推理を裏付けるもうひとつの証拠がある。それが、「蘇莫者」である。

蘇莫者は四天王寺や法隆寺といった、聖徳太子ゆかりの寺で行われる「聖霊会《しょうりようえ》」という祭りのクライマックスに舞われる舞楽であり、また、この舞楽の主人公の名を蘇莫者という。

舞楽蘇莫者の原形は中国に求められるというが、十三世紀に法隆寺の僧・顕真《けんしん》が記した『聖徳太子伝私記《しょうとくたいしでんしき》』には、蘇莫者について、次のような記述がある。

聖徳太子四十三歳の時、太子は笛を吹きながら法隆寺から天王寺（四天王寺）に向かっていたという。このとき、背後に山神《やまがみ》が現れ、太子の笛に合わせて舞い始めた。太子が怪しみ振り返ると、山神は舌をぺろりと出したという。この山神の舞う様が天王寺に伝わり、山神を蘇莫者と呼ぶようになったという。そしてこの舞楽は、法隆寺でも取り入れられていったことになる。

蘇莫者は聖徳太子なのか

それにしても、聖徳太子の前に姿を現し、聖徳太子の寺に関わりを持つようになった蘇莫者とはいったい何者なのだろう。

先述の梅原猛氏は、法隆寺の聖霊会に登場する蘇莫者の姿を見て、「怨霊にほかならない」と指摘し、さらに蘇莫者の「蘇」は「蘇我」の「蘇」と推理した。聖徳太子は父方も母方もどちらも蘇我系であり、七世紀の代表的な蘇我系皇族にほかならないからだ。さらに、梅原説によれば、蘇我系皇族・聖徳太子と山背大兄王は、蘇我氏を滅ぼすための陰謀に巻き込まれたわけだから、「蘇我の莫《な》き者《もの》」を法隆寺で祀りあげるのは、理にかなっていることになる。

それだけではない。梅原氏は、法隆寺の聖霊会のクライマックスで怨《うら》めしげに踊り狂う蘇莫者は、聖徳太子の姿そのものだと言う。

たしかに「蘇莫者は蘇我」という梅原氏の指摘には説得力がある。しかし、蘇莫者と聖徳太子を結びつけることはできない。なぜならば、『聖徳太子伝私記』は、聖徳太子が天王寺に向かっているときに現れた山神を蘇莫者としているからだ。しかも、

梅原猛説への疑問

聖徳太子の寺

||

法隆寺の二つの疑問

①光背が後頭部に直接打ち付けられた

救世観音 ＝ 聖徳太子像

↓

子孫を根絶やしにされた
聖徳太子の祟りを封じる

↑
but
↓

本当なら山背大兄王《やましろのおおえのみこ》の祟りに怯えるはずでは？

②聖霊会の登場人物

踊り狂う蘇莫者《そまくさ》が聖徳太子なら
笛を吹く「太子」は誰なのか？

聖霊会に際しては、蘇莫者は「太子」の笛の音に合わせて舞い狂っている。ここに登場する「太子」が聖徳太子であることを、あらためて確認する必要はあるまい。

梅原猛氏は、『塔』（集英社）の中で、

笛を吹いているのが太子ではなく、この蘇莫者そのものが、太子であるような気がして仕方がなかった。

と推理するが、それは強引な付会である。

聖霊会で、太子と蘇莫者は明らかに別人として扱われているのであり、梅原説を支持することはできない。

ならば、「太子」を脇役に押しやり、舞台の中央で踊り狂う蘇莫者とは何者なのであろう。

興味深いのは、『日本書紀』斉明《さいめい》元年（六五五）五月の条に出現した、あの笠《かさ》をかぶって空を飛ぶ怪人のことである。

あの怪人の姿は、「唐人」に似て、青い油の笠をかぶっていた。そして、葛城から生駒《いこま》、そして住吉《すみよし》に向かって飛んでいったのだった。かたや聖霊会の蘇莫者は、やはり「唐人風」の服をまとい、顔を覆《おお》うかのような垂れ下がった前髪と、蓑《みの》を背負っている。

笠や蓑を着るのは、この人物が「普通の人」ではないことを表現している。すなわち、異形の人であり、ようするに「鬼」にほかならない。

さらに、空飛ぶ怪人が現れた一帯と、『聖徳太子伝私記』の記す蘇莫者の出現した場所は、重なっている。

はたしてこれは偶然なのであろうか。

蘇我だからこそ恐ろしいという共通の認識

繰り返すが、梅原猛氏は、「無名の蘇莫者」が法隆寺最大の祭りの主役に「大抜擢《だいばってき》」されている謎に「本当の姿は聖徳太子だから」という推理を働かせて解決しようとしている。

これはむしろ当然のことなのかもしれない。「法隆寺＝聖徳太子の寺」は、疑いようのない常識なのだ。その寺のもっとも偉大な祭神と言えば、聖徳太子以外には考えられないからだ。

そして梅原氏は、その常識の中で、「非常識」なことを考えた。それは、子孫を根絶やしにされた聖徳太子の恨みを鎮《しず》めるために法隆寺はある、という考えである。

聖徳太子が祟《たた》っているという指摘は、これまで誰も言い当てられなかった大発見である。だが、蘇莫者という不可解な存在に気づいていながら、「蘇莫者が太子（聖徳太子）を従えて舞い狂っている」という事実を、軽視してしまった。それは、「法隆寺で一番偉いのは聖徳太子」という常識が、梅原氏の思考を呪縛《じゆばく》してしまったからであろう。

だが、聖徳太子のみならず、「蘇我も祟る」という事実をつかんでいれば、このような推理を働かせることはなかったに違いないのである。

『日本書紀』は聖徳太子の末裔《まつえい》を滅亡に追い込んだのは蘇我入鹿だったといい、梅原猛氏はこの『日本書紀』の記述に対し、「ただし、黒幕は中臣鎌足」としただけで、「蘇我＝悪」という『日本書紀』の示した勧善懲悪の世界から抜け出すことはなかった。

だがすでに、法隆寺に謎などない。『聖徳太子の秘密』（ＰＨＰ文庫）の中で述べたように、法隆寺は「蘇我」を徹底的に叩《たた》きつぶした「藤原」が、自らの汚れた手を払《ふっ》拭《しょく》するために、「蘇我」を祀ったものだ。藤原は「全精力を傾けて鎮魂《ちんこん》」すると同時に、怨霊が祟りや災いをもたらさないように、蘇我のすべてを法隆寺に封印したのである。

そう考えれば、『日本書紀』の中で聖徳太子を必要以上に礼賛《らいさん》した意味も分かってくる。もちろん、聖徳太子が聖者であればあるほど、蘇我入鹿が「悪」となる、そのコントラストは鮮明になる、というカラクリがある。つまり、そのための偶像が聖徳太子だった、ということでしかない。

そしてもはや、このような問題に拘泥《こうでい》している暇はない。蘇我氏が「鬼」とつながっていることこそ、大問題である。「鬼」とは、ようするに「神」と同意語だからである。ならば、神にもっとも近い蘇我氏の正体を、どこに求めればいいのだろう。

出雲《いずも》神《しん》スサノオと蘇我のつながり

蘇我と鬼は、ほかの場所でもつながっている。それが出雲神・スサノオとの関係だ。スサノオは高天原《たかまのはら》で天《あま》つ神《かみ》の敵となった。だからスサノオの末裔の出雲神たちの多くは、『日本書紀』の中で鬼扱いされている。ようするに、スサノオが鬼の親分なのである。

そのスサノオと蘇我が、意外な場所で接点を持ってくる。それが、第一章で登場した入鹿神社である。

すでに触れたように、入鹿神社の祭神は、蘇我入鹿ともう一柱、出雲神・スサノオ(素戔嗚尊《すさのおのみこと》、須佐之男《すさのお》)がいる。

蘇我入鹿と出雲神スサノオの間に脈絡はない。それなのに、なぜ入鹿神社ではスサノオと入鹿を並べて祀《まつ》っているのだろう。

もっと謎《なぞ》めくのが、出雲神のふるさと、出雲大社だ。

スサノオは出雲建国の祖神なのだが、不思議なことに、出雲大社の主祭神は大己貴《おおなむち》命《みこと》(=大国主命《おおくにぬしのみこと》)で、スサノオではない。スサノオは、大己貴命を祀る本殿真裏の摂社に祀られている。

問題は、このスサノオを祀る社の名で、「素鵞社《そがのやしろ》」という。素鵞と書いて、「ソガ」と読むところがミソで、ここでもスサノオと「ソガ」がつながってくる。

入鹿神社と出雲大社でつながった「スサノオ」と「ソガ」。二つの接点だけでは、「偶然にすぎない」と笑殺されるだけだろう。しかし出雲と蘇我は、あらゆる場所でつながってくる。そして蘇我のみならず「出雲」も、「鬼」と深いつながりを持っている。

そこでもう少し、蘇我と出雲の接点を取りあげてみよう。

なぜスサノオを祀る社がソガなのか

さて、なぜスサノオを祀る社が「ソガ」なのかと言えば、スサノオの最初の宮の名と係わりがあるらしい。

『日本書紀』には、スサノオが「ソガ」と関わりを持つ端緒を、次のように記している。

まずスサノオは高天原で乱暴狼藉《ろうぜき》を働いたため地上界に追放された。そして、八岐《やまたの》大蛇《おろち》を退治し奇稲田姫《くしいなだひめ》を救うと、出雲に住まいを探し、

「吾《わ》が心清清《すがすが》し」

と、すがすがしい場所だと述べ、宮に定めたという。それで、この出雲の地名は「清地《すが》」になったとしている。

この「スガ」が、どうやら音韻変化して「ソガ」になり、出雲大社本殿真裏のスサノオを祀る社が「ソガ」になったと考えられる。

『日本書紀』神代上第八段一書第一には、スサノオが出雲の簸《ひ》の川の上流にいたり、

稲田媛《いなだひめ》と結ばれ、子が生まれたとある。そしてその子の名は、清《すが》の湯山主三名狭漏彦《ゆやまぬしみなさるひこ》八嶋篠《やしましの》であったという。名の頭にある「清」が「スガ」で、地名からつけられた名であることが分かる。

ちなみに島根県雲南市大東町《だいとう》須賀《すが》には、須賀神社があって、この地が『日本書紀』に言うところのスサノオの最初の宮の旧跡、ということになる。

ところで『出雲国風土記《いずものくにのふどき》』には、大原郡海潮《うしお》の郷《さと》（大東町東部）の東北の方角に、須我《すが》（須賀）の小川の湯淵《ゆぶち》の村に温泉がある、と記録されているが、この「温泉」が、ちょっとした意味を持っている。というのも、清の湯山主三名狭漏彦八嶋篠の「湯山主」は、温泉＝湯の出る山の「主」という意味で、ようするに「清」が、やはり地名の「須我」、「須賀」からきていることがはっきりとする。

さらに、山陰地方の但馬国《たじま》一宮で、第十代崇神《すじん》天皇の時の四道将軍《しどうしょうぐん》のひとり日子坐《ひこいますの》王《みこ》を主祭神に祀っている粟鹿《あわが》神社（兵庫県朝来《あさご》市山東《さんとう》町粟鹿）の古文書『粟鹿大明神《あわがだいみょうじん》元記《げんき》』には、スサノオの子の名に、次のようなものがある。

蘇我能由夜麻奴斯禰那佐牟留比古夜斯麻斯奴《そがのゆやまぬしねなさむるひこやしましぬ》

ソガとスサノオの意外なつながり

●入鹿神社の祭神

蘇我入鹿と出雲神スサノオ

●出雲大社の本殿裏に祀られたスサノオの社

「素鵞社」…「ソガ」という読み方

出雲大社の本殿真裏にある、スサノオを祀る素鵞社(ソガノヤシロ)

ここには、清の湯山主三名狭漏彦八嶋篠の「清」が、はっきりと「蘇我」と記されていたのである。やはり「スガ」と「ソガ」はまったく無関係ということではない。たとえば蘇我氏の「蘇我」の字は、それほど古いものではなく、「蘇賀」「宗賀」「宗我」「巷奇」「宗何」などとも書き表し、「宗我」は、「ソガ」とも「スガ」とも読める。

このように、「スガ」が音韻変化したから「ソガ」となったことは、どうやらたしかなことらしい。

ちなみに、七世紀に蘇我氏は飛鳥の地で隆盛を誇るが、「アスカ」の地名は、一般的には渡来人が安住の地として住みつき、だから「安宿《あすか》」となったとする説が根強い。だが、門脇禎二氏は『飛鳥』（ＮＨＫブックス）の中で「アスカ」を「ア＋スガ」と解釈している。たしかに「ア＋スカ（スガ）」と考えた方が分かりやすいし自然である。ソガ＝スガであり、スガ（蘇我）の土地だから「ア＋スカ」である。

この場合、「ア」は発語であるとともに、縄文時代以来続く、接頭語（母音を頭に持ってくることで「あの」「例の」という意味となる。新潟県の弥彦《やひこ》神社の祭神「ヤヒコ」を地元の人びとが「イヤヒコ」と呼び習わしているのも、同じ原理と思われる）でもあったろう。

蘇我も出雲も鬼とつながる

さて、出雲のスサノオとソガのつながりに、これだけこだわったのにはわけがある。まず第一に、すでに触れたように、蘇我と出雲が強い因果でつながっていたとしか思えないこと。そして第二に、「出雲」は「蘇我」同様、日本の歴史を代表する「鬼」にほかならないからである。

そこでまず、出雲と蘇我の関係を探る前に、出雲と鬼のつながりを考えてみよう。

鬼を「荒ぶる神」と考えることができるならば、出雲神の祖であるスサノオはまさに鬼のような神であった。

スサノオは伊弉諾尊《いざなぎのみこと》・伊弉冉尊《いざなみのみこと》の子で、太陽神・天照大神《あまてらすおおみかみ》の弟にあたる。有名な天《あま》の岩屋戸《いわやど》神話は、太陽神・天照大神が岩屋戸に籠《こ》もって、世界中が闇《やみ》に包まれてしまうという話だが、そのきっかけは、スサノオの狼藉にあった。天児屋命《あまのこやねのみこと》や手力男命《たぢからおのみこと》、さらには天鈿女命《あまのうずめのみこと》等の活躍によって天照大神は無事に表に出されるが、スサノオは高天原を追放されてしまったわけである。

スサノオは地上界に降りて、出雲建国の活躍を見せるが、出雲の神々そのものが

「鬼」とみなされていたようなところがある。

スサノオが出雲から去ると彼の末裔（あるいは子ども）である大己貴命が出雲を完成させた。すると、高天原の天照大神は、出雲を奪い、子どもを地上界に君臨させようと画策する。

その時、葦原中国《あしはらのなかつくに》（地上界）には、「邪《あ》しき神《かみ》」がいて、また彼らは「邪《あ》しき鬼《もの》」でもあるといい、これを打ち払え、という言葉が出てくる。

このように、『日本書紀』は明らかに出雲の神々を「鬼」とみなしている。

それだけではない。

大己貴命の幸魂《さきみたま》（おだやかで、人に幸を与える魂）は大物主神《おおものぬしのかみ》といい、出雲からヤマトに移され三輪山《みわやま》（奈良県桜井市）で祀られるが、大物主神はヤマト朝廷がもっとも丁重に祀った神であった。いわば、ヤマトにおける出雲神の代表格であり、その大物主神の「物」が、「鬼」の「モノ」であるところが重要である（奈良時代以前、「鬼」は「オニ」とは読まずに「モノ」と言っていた）。

『日本書紀』には、第十代崇神天皇の時代、次のような事件が起きていたと記録している。崇神五年、ヤマトの地では、干魃《かんばつ》や天変地異が相次ぎ、疫病《えきびょう》がはやり、人口は半分になろうとしていたという。このため翌年には、人びとは土地を手放し流浪《るろう》し、不穏な空気が漂っていたという。

　この窮状に頭を悩ませた崇神天皇は、ためしに占いをしてみた。すると巫女《みこ》に神が憑依《ひょうい》し、崇神天皇が神意を問うと、大物主神が名乗りを挙げ、大物主神の子・大田田《おおたた》根子《ねこ》をもって自分を祀らせれば、世は平静を取り戻すだろうというので、そのとおりにしたのだという。

　このときの事件について、『古事記』にははっきりと「大物主神が祟ったのだ」と記されている。

　このように、出雲神大物主神は、ヤマトを代表する祟り神であり、だからこそ、「大いなる物（神・鬼）の主の神」という尊称を与えられているわけである。「モノ」の重要性が分かってくると、この「大物主神」の名は、非常に大きな意味を持っていたことがはっきりする。

　くどいようだが、出雲神「大物主神」は、「モノの中のモノ」であり、「神の中の神」「鬼の中の鬼」にほかならない。

祟る出雲神

祟る出雲神は、なにも大物主神だけとは限らない。大己貴神（大国主神）も恐ろしい神だ。

大己貴神と言えば、出雲の国譲りを強要された神として知られている。天孫降臨《てんそんこうりん》の直前、高天原の天照大神と高皇産霊尊《たかみむすひのみこと》は、あの手この手で出雲を籠絡《ろうらく》する。

まず大己貴神の子・事代主神《ことしろぬしのかみ》に国譲りを承諾させ、最後まで抵抗したもうひとりの子・建御名方神《たけみなかたのかみ》を諏訪《すわ》に追いやった（ちなみに建御名方神の話は『古事記』にあって『日本書紀』にはない）。そして、残ったのが大己貴神だった。

大己貴神は、子ども二人が降服したように、私も国を献上しましょうと、承諾する。ただし条件を付けた。天つ神の御子《みこ》が住まわれるような立派な館《やかた》（神社）を建てて下されば、それで納得しましょう、というのだ。

これが出雲大社の起源説話なのだが、本当のところは、「出雲の祟り」を恐れたからこそ、このような神話が誕生したと考えられる。

たとえば、大己貴神が国譲りを承諾する直前、事代主神は天つ神たちの要求に対し恭順の意を示しつつも、海の中に八重蒼柴《やえのあおふし》の垣根を作り、船を踏み傾けて水中に没していったという。

これが呪《のろ》いの呪術《じゆじゆつ》であったことは、『古事記』の記述からはっきりしている。それによれば、事代主神（言代主神）は、水中に没するとき船を傾け、「天の逆手《あまのさかて》」を打って船を青柴垣《あおふしがき》に変えて沈んでいった、というのである。

ここにある「青柴垣」は、魚を捕る籠《かご》のようなもので、また「天の逆手」とは、逆の手で柏手《かしわで》を打つ呪術にほかならない。これこそ、国を乗っ取られた恨みとともに海中に没したという暗示にほかなるまい。歴史時代に入り、「塩」や「水」の祟りが天皇家を悩ませていくが、これも、出雲の神が海中に沈んでいったことと無縁ではなかったはずである。

もっとも、神話に登場する「出雲」は、架空の存在に過ぎないとこれまで頑《かたく》なに信じられてきたから、このような話は無意味と考えられる方もおられよう。

しかし、ヤマト建国の前後、出雲を中心とする山陰地方に大きな勢力が誕生し、ヤマト建国に関わりを持っていたことは、考古学的にたしかなこととなってきている。

先日、とある高名な考古学者が、山陰地方にまつわるシンポジウムで、「これ以上山陰地方から新しい発見が出てほしくない」と、冗談めかしく呟《つぶや》いていた。それほど、

「出雲の歴史観」は、ここ二十年、劇的に変化しているのであり、ヤマト建国の歴史を大きく塗り替えようとしているのだ。これまでの常識は、ここでも通用しなくなっているのである。

蘇我氏は出雲に進出していたのか

さて、出雲の神々が祟《たた》ること、出雲と蘇我が何かしらの縁でつながっていた可能性が高いことは、いったい何を意味しているのだろう。

あらためてここで、出雲と蘇我のつながりに注目してみよう。これまでほとんど、両者のつながりは注目されてこなかった。

ただ先述の門脇禎二氏は『出雲の古代史』（ＮＨＫブックス）の中で、出雲と蘇我氏の関係について指摘している。それは、蘇我氏の全盛期、蘇我氏が出雲に進出したからだというのだ。

つまり、六世紀後半、ヤマト朝廷内で急速に勃興《ぼっこう》した蘇我氏は、吉備《きび》の地に屯倉《みやけ》をつくり楔《くさび》を打ち込むと、出雲の地へと支配地域の拡大を図ったのではないか、というのである。

なぜこのようなことが言えるのかというと、ポイントになるのは「スガ」の地名だ、とする。すなわち、蘇我氏は「飛鳥＝ア＋スカ（スガ）」に地盤を持ち、各地に勢力を広げるとともに、「スガ」の地名を残していき、それらの点をたどっていくと、まさに吉備から出雲に続く道が想定できるとして、次のように述べている。

出雲の古代史が、蘇我氏の営みを介して理解されたことはかつてない。しかし、蘇我氏は、六世紀中葉から約一世紀にもわたって、大和国家の政治を主導した氏であった。出雲にも、かかわりの痕《あと》がないはずはない、とわたくしは思う。このソガ（素《そ》鵝《が》）川のほかにも、神戸川の下流にソガ（素鵝）社というのがある。

もっともな考えだと思う。これまでまったく誰にも指摘されてこなかった出雲と蘇我のつながりを指摘した点、門脇氏の慧眼《けいがん》には驚かされるばかりだ。

しかし、出雲と蘇我のつながりを六世紀以降の政治的なものと考えると、どうしても分からないことが起きてくる。

たとえば蘇我氏全盛時代、蘇我氏は「方墳《ほうふん》」（四角い墳丘を持った墓）を造る特権を持った。他の豪族たちはけっして真似《まね》できない埋葬文化だったが、唯一《ゆいいつ》の例外が、出雲国造家《こくそうけ》である。

なぜ出雲では、方墳が許されたのかというと、もともと出雲は、三世紀来「方墳」や「前方後方墳《ぜんぽうこうほうふん》」（前方後円墳《ぜんぽうこうえんふん》ではない。前部が方形で、後部も方形というもの）を好んで造営していたものだ。つまり、出雲が方墳を造る特権を与えられたというよりも、蘇我氏が出雲の方墳を選び取ったと考えない限り、理解できない。

それだけではない。蘇我氏は、縄文時代以来日本人が愛してやまなかった神宝《しんぽう》、ヒスイの製作を飛鳥の西側、「曾我」の地で独占的に行っている。この「ヒスイ」は、日本海側の越《こし》の国（新潟県糸魚川《いといがわ》市周辺）で取れるものだが、出雲と越は弥生《やよい》時代後期、四隅突出型墳丘墓《よすみとつしゆつがたふんきゆうぼ》という共通の文化で結ばれていた。

もうひとつ、出雲と蘇我を結びつけるのは、出雲神・事代主神である。

大己貴命は天つ神の国譲りの強要に対し、子どもの事代主神にすべてを委《ゆだ》ねた。これは事代主神が本来「言代主神」であり、神の「言葉（言）」を「代弁（代）」するのがその本性だったからで、そのため『古事記』は事代主神ではなく、言代主神と書いているのである。

言代主神とそっくりな武内宿禰《たけのうちのすくね》

このような言代主神の性格とそっくりな人物がいる。それが、『古事記』の中で蘇我氏の祖とされた建内宿禰（武内宿禰）だ。

たとえば仲哀《ちゆうあい》天皇の時代には、次のような事件が起きていたと『日本書紀』は記録している。

この事件が後々大きな意味を持ってくるので、少しくわしくその様子を見てみよう。

ちなみに仲哀天皇はヤマトタケルの子どもで、また第十五代応神天皇の父にあたる。実在したかどうか、怪しいとする説もある。それはともかく……。

南部九州の熊襲《くまそ》を成敗しに、仲哀天皇は神功《じんぐう》皇后とともに、筑紫《つくし》の橿日宮《かしひのみや》（福岡県福岡市東区香《か》椎《しい》）に赴いた。仲哀八年九月、仲哀天皇は熊襲征伐のための軍議を開いた。するとこのとき、神功皇后に神託《しんたく》が降りたという。

「仲哀天皇はなぜ熊襲の反乱を憂《うれ》えているのか。これは討つだけの価値のない国だ。それよりも、もっとすぐれた宝の国が海のむこうにある。それが新羅《しらぎ》だ」

ところが、仲哀天皇は神の言葉を疑い、高い丘に登って大海原を見渡したが、どこにも国らしきものは見あたらなかった。

「私を欺《あざむ》こうとしているのは何者か。私はわが皇祖神《こうそしん》ら多くの神を祀っているのに、ほかにどのような神がいるというのか」

これを聞いた神は、ふたたび神功皇后に神託を下す。

「水に映る影のように鮮やかに見えるあの国を見えないといい、私を誹《そし》ったのであれば、お前はその国を得ることはできないであろう。ただし、今皇后は孕《はら》んでいる。この子が得るだろう」

それでも仲哀天皇は神託を無視して、熊襲征討を強行してしまった。結果敗走し、翌年の春二月、急死してしまう。この様子を『日本書紀』は、
即《すなは》ち知《し》りぬ、神《かみ》の言《みこと》を用《もち》ゐたまはずして、早《はや》く崩《かむあが》りましぬることを。

と断定している。すなわち、神の言いつけを守らなかったからはやく亡《な》くなられてしまったのだ、というのである。

神功皇后摂政前紀《せっしょうぜんき》には、この年の三月のこととして、さらに続きの話を載せている。

それによれば、神功皇后は吉日を選んで、斎宮《さいぐう》に入り、神主《かんぬし》となり、武内宿禰に琴

を弾かせ（琴を弾くことによって、神を導き出せるという考えがあった。シャーマニズムの名残）、中臣烏賊津使主《なかとみのいかつのおみ》を審神者《さにわ》（審神者とは、神託を聞き、その意味を解読する人）にして、ふたたび神託を得ている。

ここでは、神託を下した神の正体を明らかにしている。

それによれば、ひとりは伊勢《いせ》国度逢県《わたらいのあがた》の拆鈴五十鈴宮《さくすずいすずのみや》（のちの伊勢神宮）にいる神で、名は撞賢木《つきさかき》厳之《いつの》御魂天疎向津媛命《みたまあまさかるむかつひめのみこと》（天照大神の荒魂《あらみたま》と考えられている。荒魂とは、荒々しい魂）、さらに稚日女尊《わかひるめのみこと》、さらに天事代虚事代玉籤入彦厳之事代神《あめにことしろそらにことしろたまくしいりびこいつのことしろのかみ》（ようするに言代主神）、それから、最後に、日向《ひむか》国の橘小門《たちばなのおと》（具体的な地名ははっきりしない。九州の日のさし込む小さな水門《みなと》ということ）の水底にいて、海藻のように若々しい神・表筒男《うわつつのお》・中筒男《なかつつのお》・底筒男《そこつつのお》（住吉《すみよし》三神）であったという。

これらの神々の加勢を得て、こののち神功皇后は、大活躍をするわけである。

いっぽう『古事記』には、『日本書紀』とは少し食い違う物語が残されている。

やはり熊襲を討つ直前、橿日宮で神託を得た。

仲哀天皇は神下ろしのために琴を弾き、武内宿禰は庭に侍《はべ》り神託を請《こ》い、神功皇后は神の言葉を伝えた。この場合、武内宿禰が審神者の役目を負っていることになる。

このとき、仲哀天皇は神の言葉を信じず、「嘘《うそ》をつく神だ」と罵《ののし》り、琴を弾く手を止めてしまったという。すると神は大いに怒り、「死の国へ行け」と告げる。恐れおののいた武内宿禰は、天皇に「琴を弾かれますように」と促すと、仲哀天皇はしぶしぶ琴を弾きはじめたが、しばらくして静かになったので、そっと明かりを近づけてみると、天皇はすでに事切れていたという。

『古事記』のほうが、不気味な記事になっているが、ここではこれ以上深入りはしない。

問題は、武内宿禰の属性であり、この場合、明らかに、神の言葉を解読する者の役割を得ていることであり、またこの場面で武内宿禰らに神託を下した神々の中に、言代主神の姿があったことは偶然ではないだろう。

というのも、遠く七世紀の壬申《じんしん》の乱に際しても、言代主神（事代主神）は神託を下し、大海人《おおあま》軍に加勢しているからである。

ようするに、言代主神の「言」は、神の言葉であり、神の言葉を人びとに知らせる役目を負った神、ということになる。そしてこの属性は、すでに触れたように、武内宿禰のそれによく似ている。

葛城の一言主神は出雲神の言代主神？

七世紀の蘇我氏は、本貫地を葛城だったと主張しているが、葛城山の神は一言主神《ひとことぬしのかみ》で、『古事記』の以下の記事から、この神が言代主神と通じてくる。

雄略天皇の時代、天皇が葛城山に行幸《ぎようこう》すると、天皇のそれとそっくりな行列があちら側を歩いていたという。服装も人数もそっくりだった。

天皇は使いを出し、

「この国に、私のほかに王はいないのに、なんの真似か」

と問わせたが、あちらも使者を出し、同じことを言ってきた。

激怒した雄略天皇は、矢をつがえ構えた。すると、あちらも鏡に映したように同じことをしている。互いに名を名乗ってから矢を放とうということになり、あちらが先に名乗りを上げた。

吾《あ》は悪事《まがこと》も一言《ひとこと》、善事《よごと》も一言、言《い》ひ離《はな》つ神《かみ》、葛城《かづらき》の一言主大神《ひとことぬしのおほかみ》ぞ。

つまり、「私は悪いことでも善いことでもひと言で言い放つ葛城の一言主神である」というわけである。

この一言主神は葛城山の主で、この山は、蘇我氏と縁が深い。葛城の地域は、武内宿禰の末裔《まつえい》・葛城氏の土地でもある。

では、一言主神と蘇我氏の間に、つながりはあるのだろうか。

出雲の国造が新任されたとき、一年の潔斎《けっさい》ののち、都に赴いて奏上《そうじょう》する『出雲国《いずものくにの》造《みやつこの》　神賀詞《かむよごと》』には、次のような一節がある。

それによれば、出雲の神・大穴持命《おおあなもちのみこと》（大己貴神《おおなむちのかみ》）は、自分の和魂《にぎみたま》（荒魂に対するおだやかな魂）を八咫《やた》の鏡《かがみ》に取り付けて倭《やまと》の大物主くしみかたまの命と名を称《とな》えて、大《おお》御和《みわ》（三輪山）の神奈備《かんなび》にいさせて、御子のあぢすき高ひこねの命の御魂を、葛木《かづらき》の鴨《かも》の神奈備にいさせ、事代主《ことしろぬし》の命《みこと》の御魂をウナテ（奈良県橿原市雲梯《うなて》町）にいさせて、かやなるみの命の御魂を飛鳥の神奈備にいさせて、皇孫の近き守り神として奉《たてまつ》り、大穴持命は、出雲の杵築《きづき》の宮（出雲大社）に鎮《しず》まっていましょう、という。すなわち、大穴持命の代理として、和魂の大物主神や、御子たちをヤマトに送り込み、天皇家の守り神にし、みずからは出雲の国で静かにしているというのだ。そしてそのことを、出雲の国造が誓約しに、わざわざ都にやってくるわけである。

これは出雲の国造だけに義務づけられた特殊な行事であって、なぜこのようなことを繰り返していたのか、詳しいことは分かっていない。

問題は、蘇我氏や蘇我系豪族の勢力圏に多くの出雲神がやってきていることで、たとえば今日でも、飛鳥の中心、飛鳥坐神社《あすかにますじんじゃ》には、事代主神や賀夜奈流美命《かやなるみのみこと》が祀《まつ》られている。しかも、事代主神が曽我《そが》の集落の間近の雲梯にとどまっていることは興味深い。

このように、事代主神と蘇我氏の祖・武内宿禰の属性はそっくりで、しかも飛鳥周辺で重なっていた。さらに、言代主神とそっくりな一言主神も、葛城の地で蘇我系の豪族と接点を持っていた。一言主神は、そもそも言代主神にほかなるまい。

それにしても、なぜ「蘇我」と「出雲」は、ここまで接点を持っていたのだろう。そして、どちらも「鬼」と目されていたのはなぜだろう。

そこでいよいよ次章では、これまで語られることのなかった蘇我氏の正体を解き明かしていこう。

第四章　天日槍《あめのひぼこ》と武内宿禰《たけのうちのすくね》の謎《なぞ》

『日本書紀』が必死になって隠してしまった蘇我氏の素性

史上もっとも忌《い》み嫌われた蘇我氏。

『日本書紀』に従えば、彼らは専横をほしいままにし、天皇家をないがしろにしてきた。そして、あろうことか、聖者・聖徳太子の子どもたちを、無実の罪で全滅させてしまった……。これが事実なら、蘇我氏に情状酌量の余地はない。罵倒《ばとう》されてしかるべきであった。

ところが、これは『日本書紀』が一方的に書き連ねた勝者側の訴えだった。このような勧善懲悪の世界に疑念をいだいてみると、意外な蘇我氏の素顔が浮かび上がってきたのである。

まず第一に、蘇我氏は祟《たた》って出ていたという共通の認識があった。これは、蘇我氏には祟って出るだけの理由があった、ということで、その理由とは、ようするに罪もないのに殺されたということであり、蘇我氏がはめられて陥《おとしい》れられたことを、誰もがよく知っていたということである。

そして第二に、蘇我氏は鬼との間に強い接点を持っていた。鬼には悪いイメージがあるが、これは現代人の感覚にすぎない。太古、鬼は神と同意語であり、「鬼」と恐れられるのにも、それなりの資格があったと思われる。その資格とは、ようするに「神」に近い一族ということであり、蘇我氏が正統な系譜を持った人びとであった可能性が高くなったのである。

そうなってくるといよいよ、『日本書紀』によって隠匿《いんとく》されてしまったであろう蘇我氏の正体が知りたくなるのである。

じつを言うと、蘇我氏の正体については、これまでの多くの拙著の中で、ある程度のことは調べ上げてきたつもりだ。すなわち、その起源が三世紀から四世紀にかけてのヤマト建国に求められるということである（『出雲《いずも》抹殺の謎』ＰＨＰ文庫）。

なぜこのようなことが言えるのか少し説明しておきたい。

『日本書紀』の示した歴史にはいくつものカラクリがあって、その最大のものは、邪《や》馬《ま》台国《たいこく》の出現からヤマト建国にいたる過程を、ひとつの流れの中で語るべきなのに、出雲の国譲《くにゆず》り、天孫降臨《てんそんこうりん》、神武《じんむ》東征《とうせい》という神話じみた説話にすり替え、さらにこののち何回にも分けて繰り返し述べていることだ。

すなわち、（１）初代神武天皇、（２）第十代崇《す》神《じん》天皇、さらには（３）蘇我氏の祖・武内宿禰の仕えた神功《じんぐう》皇后とその子の第十五代応神《おうじん》天皇といった具合である。

これほど手の込んだ歴史改竄《かいざん》をやらなければならない理由が、『日本書紀』を記した朝廷（あるいは時の権力者）にはあった。というのも、ヤマト建国における武内宿禰の活躍が大きすぎたからである。

活躍だけではない。「武内宿禰と大王家の系譜」という点に関しても、『日本書紀』はいろいろと隠しておかなければならないことがあったのだ。

すなわち、前著の中で、黎明《れいめい》期の大王家（天皇家）と蘇我氏は、大いに関係をもっていたのではないかと疑っておいたのだ。

ようするに（問題が問題だけにようやくの思いで言うのだが）、これは、ヤマトの大王家に蘇我氏の血が濃厚に混じっていたという意味ではなく、「ヤマトの大王家（天皇家）は蘇我氏の祖からはじまった」という推理を提示しておいたつもりなのである。

蘇我氏が鬼と密接に関わっていたのも、この一族が「聖なる王」の末裔《まつえい》であり、だからこそ八世紀以降、零落して鬼の一族になり果てたと考えれば、すんなり理解できるのである。

ただ、そうはいっても、拙著をはじめて手に取られた方には、蘇我氏がヤマト建国に関わっていたなどということは、にわかには信じ難いに違いない。そこで、二世紀から四世紀にかける激動のヤマト建国の歴史がいかなるものだったのか、まずここで、最新の考古学の指摘も踏まえて、簡潔に振り返り、さらには『日本書紀』によって抹殺されてしまった本当のヤマト建国の歴史を再現してみたい。

ヤマト建国の秘密を握る纏向《まきむく》遺跡

二世紀から四世紀にかけての時代は、畿内《きない》のヤマトに王権らしきものが形成される、いわば邪馬台国からヤマトへ、というヤマト朝廷の黎明期なのである。

では、ヤマト朝廷はどのようにできあがっていったのだろう。まず注目しなければならないのは、急速に進歩している考古学の見解である。

ヤマト建国がいかなる形で進展していったのか、考古学はかなり正確に把握しつつある。重要なポイントは三つだ。奈良県桜井市の三輪山《みわやま》山麓《さんろく》に広がる纏向遺跡。それから弥生時代後期から古墳時代の初期の吉備《きび》の動き、そして同時期の山陰地方の発展とその後の謎の衰弱である。

まず、纏向遺跡から見ていこう。

纏向遺跡の出現に考古学界が色めきだっているのは、この遺跡がちょうど邪馬台国の時代に重なること、しかも、この遺跡がヤマト朝廷の黎明期の中心として相応《ふさわ》しい条件を備えていたからである。したがって、邪馬台国は畿内説で決まったと豪語する考古学者も現れているほどだ。

では、纏向遺跡の何が重要なのかと言えば、まず、この遺跡がのちの宮城《きゅうじょう》と遜色《そんしょく》のない規模であることだ。そして、農業の痕跡《こんせき》のない宗教と政治の「都市」だったところに深い意味が隠されている。

また、当時の纏向には、吉備、山陰、東海、北陸、北部九州といった各地方の土器が続々と集まっていた。そして、纏向周辺に、やはり各地の埋葬文化を習合させた前《ぜん》方後円墳《ぽうこうえんふん》が出現し、この新たな埋葬文化が、一気に日本各地に伝播《でんぱ》していったわけである。

このような纏向のあり方にもっとも強い影響を及ぼしたのが、吉備だった。纏向の集落は三世紀の初頭に忽然《こつぜん》と出現したのだが、三世紀の前半は、吉備の文化が中心的存在となって、大きなまとまりを形成していた可能性が高い。というのも、吉備では弥生時代後期にすでに前方後円墳の前身となる墳丘墓《ふんきゅうぼ》が誕生していたし、その墳丘墓上で執り行う首長霊を祀《まつ》る儀式、その際使われる特殊器台形土器といった文化が、纏向で採用されていくからである。

ヤマト朝廷と深いつながりがある纏向《まきむく》遺跡

吉備、山陰、東海、北陸、北部九州の各地方から土器が集まってきた纏向遺跡

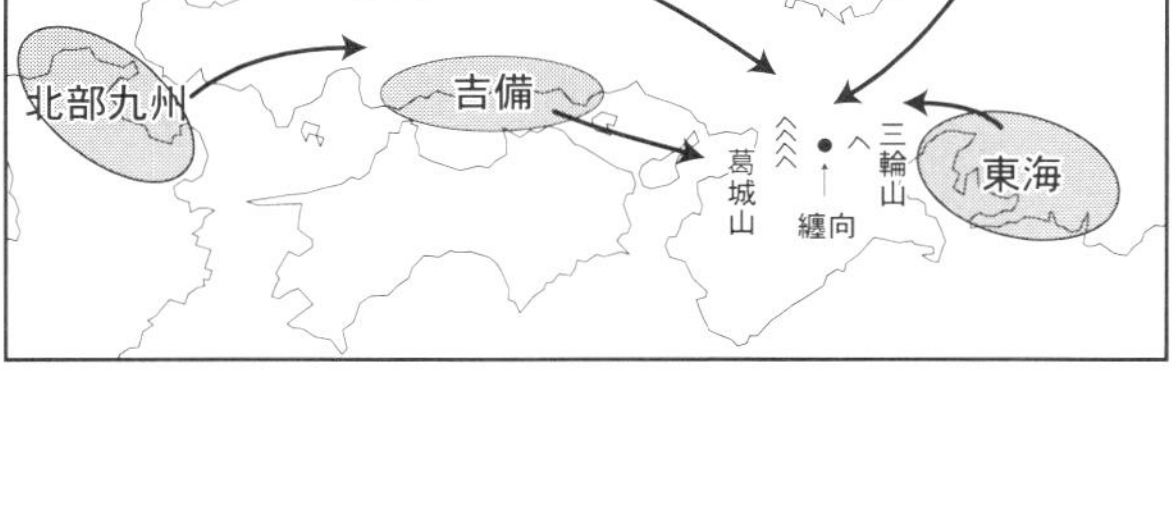

黎明期のヤマト朝廷（らしきものといったところか）で、吉備の宗教観、埋葬文化が取り込まれていった意味は無視できない。瀬戸内海の流通を制していたであろう吉備は、交易によって富をたくわえていたに違いない。西日本の中心としてこれ以上に相応しい土地はないというヤマトに注目し、進出した可能性は、高まるばかりだ。ところが、三世紀の後半になると、どうやらヤマトの主役は入れ替わっていた可能性がある。それが、最後に残った山陰地方だ。

纒向遺跡にはひとつの画期があって、三世紀の後半に突然、発展をし規模を拡大させている。そして、このとき、土器にも変化があった。山陰地方の土器の影響を受けた布留式《ふるしき》土器が出現し、この土器様式が日本各地に伝播し、画一性が起きてくる。

考古学が示した出雲の実在性

これまで山陰地方の歴史はほとんど注目されなかった。しかし考古学の進展によって、ようやく日の目を見つつある。

山陰地方と言えば、「出雲」を思い浮かべる。記紀神話の三分の一を出雲が占めながら、かつて「出雲はどこにもなかった」といわれていたのは、神話に見合うほどの考古学的発見がなかったこと、神話は中央政府の創作した絵空事にすぎないという思い込みがあったからである。

ところが、ここ二十年で、事情は一変した。荒神谷《こうじんだに》遺跡（島根県簸《ひ》川《かわ》郡斐《ひ》川《かわ》町）と加茂《かも》岩倉《いわくら》遺跡（島根県雲南市加茂《かも》町）から、想像を絶する数の青銅器が発見され、弥生時代後期の「出雲」に、けっして侮《あなど》ることのできない勢力が存在していた可能性が出てきたのだ。

さらに、鳥取県からも、予想だにできなかった遺跡が出現した。それが、青谷《あおや》上寺《かみじ》地《ち》遺跡（鳥取市青谷《あおや》町青谷）と妻木《むき》晩田《ばんだ》遺跡（米子《よなご》市淀江《よどえ》・西伯《さいはく》郡大山《だいせん》町）だ。

どちらの遺跡も、潟《かた》（ラグーン）という天然の良港を持ち、弥生時代の後期に交易によって大発展した遺跡であるところに特徴がある。

これらの遺跡からはっきりしたことは、出雲から越《こし》（北陸）にかけての日本海沿岸地域が、ひとつの大きな連合体（ゆるやかな紐帯《ちゆうたい》ではあるが）であった可能性があること、そして、弥生時代後期の山陰地方に大量の鉄が流入していた可能性が出てきた。もちろん、この時代の鉄は朝鮮半島南部からの貴重な輸入品であり、地域の発展に欠かせない文明の利器であった。

この「山陰の鉄」が、とてつもなく大きな意味を持っている。というのも、弥生時代後期、鉄は畿内にはほとんど流入していなかったからだ。

なぜこのようなことが起きてしまったかというと、北部九州勢力が鉄の流通を支配するために、関門海峡を封鎖してしまった疑いが強い。瀬戸内海は西日本の大動脈となりうるが、唯一《ゆいいつ》の弱点が「狭い関門海峡」だった。ここを閉じてしまえば瀬戸内海勢力は死に体となる。

そして、瀬戸内海の衰弱を尻目《しりめ》に、山陰地方が、独自のルートを開拓し、鉄を手に入れ、弥生時代後期の繁栄を築き上げたのである。

さらに、山陰地方（以下簡潔に「出雲」とひとくくりにして呼んでしまおう）は弥生時代の終わりからヤマト朝廷の建国の前後、畿内だけではなく北部九州ともさかんに交流をもっていた。

畿内に誕生した最初期の纒向型前方後円墳が北部九州に進出していて、これは出雲と北部九州の交流のつてをたどって伝わっていった可能性が高い。

そしてこの「出雲」が、三世紀の後半積極的にヤマトに進出したことで、纒向遺跡の画期が到来したと考えられる。前方後円墳の形式が完璧《かんぺき》に整ったのも、この時期だった。

出雲の国譲りと天孫降臨の真実

大和岩雄《おおわいわお》氏は『新邪馬台国論』（大和書房）の中で、三世紀後半の纏向の画期は北部九州の邪馬台国の女王トヨがヤマトに移ったことによって成し遂げられたと推理しているが、私見は、別の考えを持っている。

以下、「ヒミコの邪馬台国とトヨのヤマトの相剋《そうこく》の歴史」という仮説をのべておきたい。ただし、このあたりの事情は『出雲抹殺の謎』の中で述べておいたので、ここでは概略のみを記すにとどめる。

弥生時代の日本列島で、もっとも栄えた地は北部九州であった。朝鮮半島に近いという地の利を得て、他を圧倒していたのである。しかも、『日本書紀』や『古事記』には、ヤマト朝廷の初代王が九州からやってきたと書かれていたから、ヤマト朝廷は「西側からやってきた何者かの手で征服された」と考えられてきた。たとえそれが征服でないにしても、「強い九州の王によってヤマトは樹立された」という発想が常識のようなところがあった。だからこそ大和岩雄氏は、邪馬台国のトヨが九州から東に移ってヤマトは誕生したと推理したわけである。

ところが、考古学の発展によって、弥生後期から三世紀のヤマト建国の時代、北部九州は次第に衰弱し、しかもはやい段階で「出雲」との交流を深め、「纏向」の出現後は新たな潮流を素直に受け入れていた疑いが強くなってきた。こうなってみると、一概に「西から東へ」というこれまでの常識を、古代史に当てはめることはできなくなったわけである。

つまり、北部九州沿岸地帯の勢力にすれば、かつての繁栄は、もはや夢である。したがって、現実路線として、出雲やヤマトとの協調体制を整えていったということだろう。

ところが、筑紫《つくし》平野の南方には、激しくヤマトに対抗しようとする勢力が残された。それが、邪馬台国の卑弥呼《ひみこ》を盟主とする国々にほかならない。

北部九州の軍事と流通の要衝となる高良山《こうらさん》（福岡県久留米市御井《くるめみい》）から女山《ぞやま》（福岡県みやま市瀬高町《せたか》大草《おおくさ》字女山）にかけての一帯を城塞化《じょうさい》し、「親魏倭王《しんぎわおう》」の称号を獲得してヤマトに対峙《たいじ》した卑弥呼であったが、「出雲（＋ヤマト）」のトヨが長駆遠征し、これを滅ぼしたと考えられる。

なぜこのような推理が成り立つのか、その理由を説明するには、ここで第十五代応神天皇の母・神功皇后にご登場願わねばならない。というのも、『日本書紀』には神

卑弥呼、ヤマト、トヨの関係

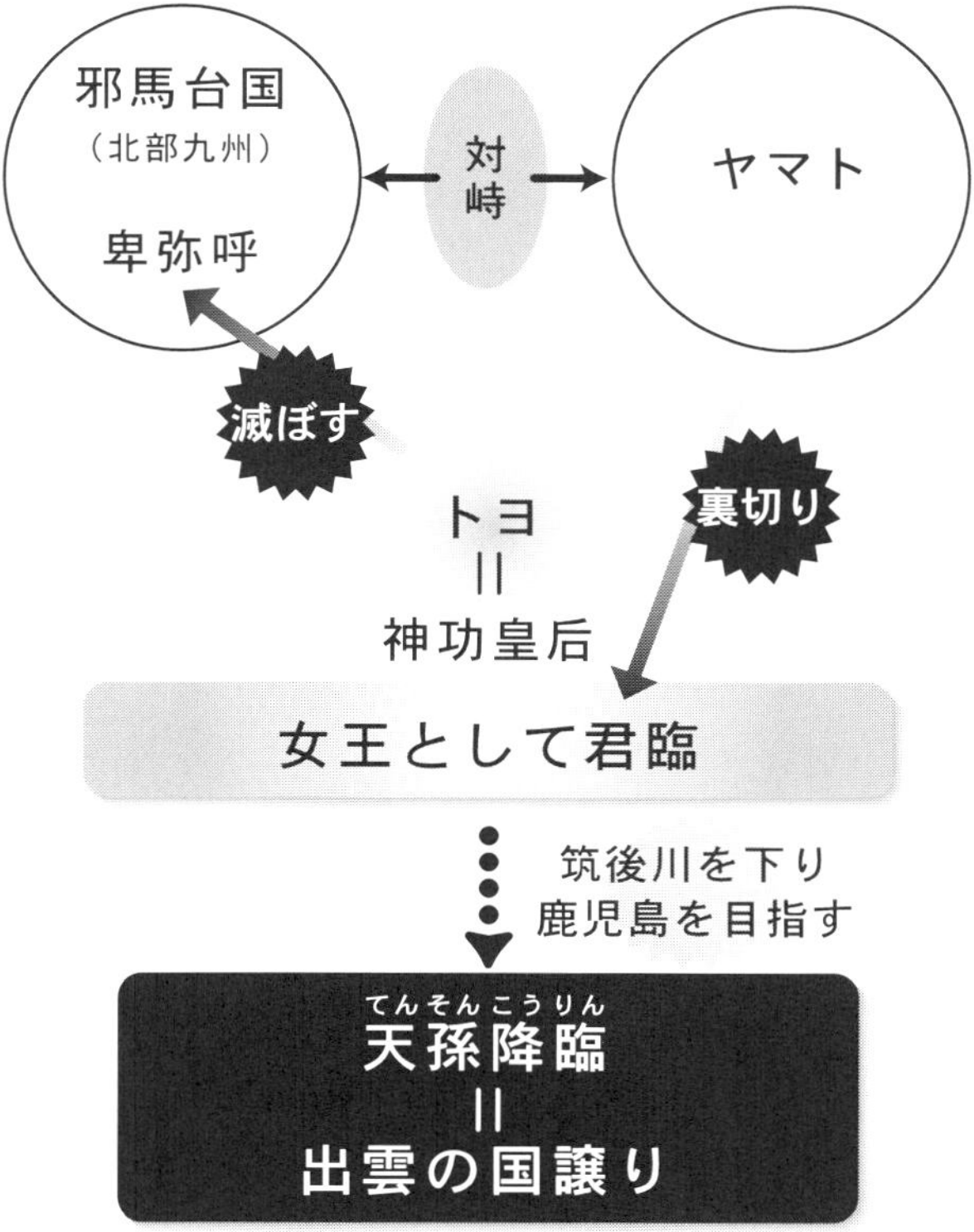

功皇后が卑弥呼と同時代人だったと記録されていて、しかも神功皇后と「トヨ」の名をもつ海の女神が、あらゆるところでつながってくるからだ。どうやら神功皇后の正体は、邪馬台国の女王トヨだったようだ。

そして『日本書紀』には、神功皇后が北部九州になだれ込み、しかも山門県《やまとのあがた》（みやま市）の女首長を討ち取って九州征伐を終えたと記録している。この「山門県」こそが、邪馬台国北部九州論の最有力候補地で、「山門の女首長」とは、ようするに「魏志倭人伝」に言うところの卑弥呼のことであろう。

ところで「魏志倭人伝」によれば、卑弥呼の死を受けて男王が立ったが、国中服さず戦乱が起き、やむを得ずトヨが女王として君臨したとある。考古学的に言うと、その直後に、「纏向の画期」がやってきていたことになる。つまり、ヤマトの発展は、まずトヨのヒミコ殺しによってもたらされたわけである。ところがここで、歴史の歯車は大きく狂い出す。

高良山周辺にしばらく君臨していたトヨ（この一帯に、「豊比咩《とよひめ》」を祀る神社の密集地帯がある）であったが、彼女はヤマトに裏切られ、筑後川《ちくごがわ》を一気に下り、そのまま海路鹿児島県の野間岬《のまみさき》を目指した疑いが強い。

そして、この逃避行こそが「出雲の国譲り」であると同時に、天孫降臨そのものだったと考えられる。『日本書紀』の神話は、ひとつの同じ事件を二つの神話に分け、ヤマト建国時にいったい何が起きていたのか、すべてを闇《やみ》に葬《ほうむ》ったわけである。

では、なぜこのときのいきさつを『日本書紀』が必死に隠匿《いんとく》したかというと、それは、トヨ（神功皇后）の夫の正体に問題があった。それは仲哀天皇だったと『日本書紀』に書かれているが、じっさいには武内宿禰であり、蘇我氏の祖だった。そして、二人の間の子が応神天皇であり、これは神武天皇と同一人物であった。ヤマト建国時の大王が蘇我系であったことを、『日本書紀』はあらゆる手段を駆使して隠匿しにかかったというのは、こういう事情があったからだ。

ところで、ヤマトの裏切りによって南部九州に逼塞《ひっそく》したはずのトヨの御子たちは、なぜ復活したのだろう。

それは、このヤマトの地で、天変地異が相次ぎ、疫病《えきびょう》が蔓延《まんえん》し人口の半分以上が死に果てるという惨状に見舞われ、トヨの祟《たた》りにほかならない、ということになったからだ。このことは『日本書紀』や『古事記』には、崇神天皇の時代の事件であったといい、『日本書紀』は大物主神《おおものぬしのかみ》のしわざとも、また『古事記』は、「出雲神の祟り」としているが、ここにある出雲神の本当の正体は、裏切られた「トヨ」であり、「武内宿禰」にほかならない。

これが、出雲の国譲り、天孫降臨、ヤマト建国の一連の動きを、私なりに解釈した推理である。

トヨと邪馬台国の男王の謎《なぞ》

ヤマト建国と三世紀にここで立ち戻ったのは、高千穂峰《たかちほのたけ》（おそらく霧島《きりしま》山系だろう）に天孫降臨したという記紀神話が、じっさいにはトヨ（神功皇后）や武内宿禰、さらには幼い応神らの逃亡劇であったことを、まず確認しておきたかったからである。

そして、このような仮説のポイントとなってくるのは、『日本書紀』の神功皇后が、邪馬台国のトヨだった、という一点である。

『日本書紀』も神功皇后摂政紀《せつしょうき》の中で、「魏志倭人伝」の邪馬台国記事を引用しているわけで、神功皇后が三世紀の人物であったことを知っていたに違いないのだ。知っていたにもかかわらず邪馬台国との関係や神功皇后がトヨであったとはっきり書かなかったのは、神功皇后の正体がばれてしまえば、蘇我氏の素性も明らかになってしまうからであろう。

つまり、根本的な問題は、神功皇后がトヨならば、神功皇后の忠臣として活躍した武内宿禰とは何者なのだろう、ということにほかならない。『日本書紀』がもっとも隠しとおしたかったこと……。それこそ、武内宿禰の正体であったと思えてならないのである。

そして、武内宿禰に関連して、もうひとつの謎がある。

それは、「記紀」が神功皇后の夫だったと主張する仲哀天皇のことだ。『古事記』によれば、仲哀天皇は、神託《しんたく》を疑い、神を怒らせてしまったという。そしてその直後、仲哀天皇は神功皇后と武内宿禰の目の前で変死してしまうのである。

このいきさつを「魏志倭人伝」に当てはめると、うまい具合に重なってくる。「魏志倭人伝」には、次のようにある。すなわち、卑弥呼の死後、いったん男王が立ったが国中服さず、戦乱が勃発《ぼつぱつ》した。そこで卑弥呼の宗女台与《そうじよとよ》が担《かつ》ぎ上げられ、混乱を収拾したとある。すなわち、仲哀天皇は卑弥呼亡《な》き後倭国の王に君臨した「男王」であった。ところがみな不平不満を言い出し、混乱したので、台与＝神功皇后が政権を掌握した、ということになる。これなら、『日本書紀』の記述と、ほぼ矛盾がなくなる。そして、仲哀天皇は神功皇后らに殺された、ということになるのだろう。

ところが、ここから話が厄介なことになってくる。

まず、仲哀天皇を死に追いやった「神の意志」とは、「トヨ本人の意志」ではないのだから、トヨ（神功皇后）を北部九州に送り込んだ「ヤマトの意志」ということになるのだろう。「魏志倭人伝」に登場する「男王」が王位からはずされた（あるいは殺されたのか……文面からははっきりしていない）のも、やはり、主導権を握ったヤマトが、「男王はだめ」と拒絶したことが大きな原因と思われる。

とするならば、ここまでは、神功皇后（トヨ）はヤマトの思惑通りに動いていたことになる。なぜなら、仲哀天皇は「神＝ヤマト」の言いつけを守らず、かたや神功皇后は、「神＝ヤマト」の言いつけを守ったからこそ、女王として容認されたという形になるからだ。

ところが、このの ち、トヨはヤマトに裏切られてしまったのだから、ここに、大きな矛盾が浮上してくるのである。

仲哀天皇という歴史改竄《かいざん》のカラクリ

ヤマトがトヨを排斥してしまったことは、『日本書紀』の神功皇后とヤマトの確執の記事からもうかがい知ることができる。

神功皇后は山門の女首長を滅ぼし（これが邪馬台国の卑弥呼ということになる）

新羅《しらぎ》征討を終えて九州に舞い戻り、応神を産み落とした。

ヤマトに残っていた仲哀天皇の遺児たちは、応神に皇位をさらわれるとみて、神功皇后や応神のヤマト入りを阻止しようと立ち上がっている。

『日本書紀』や『古事記』によれば、このとき神功皇后や武内宿禰は、ヤマトの反乱を鎮圧したと記録しているが、じっさいには逆であったことは、『神武東征の謎』（ＰＨＰ文庫）の中で述べた。

理由は簡単なことで、神功皇后は平安時代にいたるまで、祟る神と恐れられたからである。『日本書紀』の記述通り神功皇后が歴史の勝者ならば、祟る神になるはずもなかった。それに、『日本書紀』によれば、神功皇后はヤマトに帰還後、六十九年間もの間摂政の地位にとどまり、息子を即位させなかったとある。これはあまりにも現実離れした話だ。

つまりこれは、「亡霊の政権」にほかならないのである。

では、この間の事情を、どう考えればいいのだろう。

ヤマトの意志を無視したという仲哀天皇。ヤマトの意志を尊重した神功皇后。この図式そのものが『日本書紀』の創作であり、事実とは逆に、ねじれた形で記録されているのではあるまいか。そう思う理由のひとつは、仲哀天皇という影の薄い人物の存在があるからだ。

この人物は、本当に神功皇后の夫だったのだろうか。「仲哀天皇」こそが、『日本書紀』の仕掛けた歴史隠匿のカラクリ人形だったのではあるまいか。

仲哀天皇という存在が間に挟まるから、神功皇后はヤマトの意志に従った、という図式がまず成り立つわけである。そして、それにもかかわらず、そのあとヤマトが神功皇后を裏切った理由も、「仲哀天皇の遺児たちが納得しなかったから」という形になるわけである。

すなわち、その都度その都度の矛盾の弁明のために、「仲哀天皇」やその子たちがからんでくることが分かる。

だが、『日本書紀』の証言とは裏腹に、じっさいには神功皇后がヤマトに戻れなかったのであり、とするならば、やはり仲哀天皇の実在性をまず疑ってかかる必要がある。

さらに、大分県宇佐《うさ》市の宇佐神宮も、祟る神功皇后らを祀《まつ》っている気配が濃厚である。

宇佐神宮の特殊神事に、薦枕《こもまくら》を瀬戸内海に東に向けて流すというものがあるが、これは、ヤマトに帰りたくても帰れなかった神功皇后の御霊《ごりょう》を鎮《しず》めるためのものであろう。

つまり、「祟る神功皇后」は、ヤマトがトヨを裏切っていたことを証明して余りあり、また、「ヤマトの意志に背いた仲哀、ヤマトの意志を尊重した神功皇后」という『日本書紀』が最初に示した図式も、怪しいものとなる。

そして何よりも、神功皇后の親族を祀っているはずの宇佐神宮で、本来中心で祀られるべき仲哀天皇がまったく無視されていることこそが、『日本書紀』の描いた図式が瓦解《がかい》していることを、如実《にょじつ》に物語っているのではなかろうか。

とするならば、なぜ『日本書紀』は無理をおしてまで、「神功皇后はヤマトの意志を尊重したのにヤマトは神功皇后を裏切った」という矛盾した記述を用意しなければならなかったのだろう。

これこそ、武内宿禰抹殺の、最大のカラクリだったのではあるまいか。このような「矛盾」をしのばせることで、『日本書紀』は武内宿禰の正体をまんまと誤魔化してしまったと考えられるのである。

武内宿禰は天日槍？ 唐突な梅澤《うめざわ》氏のつぶやき

ここで注目したいのは、『日本書紀』に記された次の記事である。

応神九年夏四月のことだ。筑紫に遣わされていた武内宿禰を、弟の甘美内宿禰《うましうちのすくね》が裏切った。謀反《むほん》を企《たくら》んでいるという嘘《うそ》の密告を行ったのだという。武内宿禰は三韓《さんかん》（朝鮮半島の南部の国々）と通じて、ヤマト朝廷を乗っ取ろうとしている、というのである。

天皇はこの密告を信じ、刺客《しかく》を筑紫に向かわせたのだった。もっとものちに、武内宿禰の無実は証明されるのだが……。

この、武内宿禰が九州にいて、しかも三韓と通じてヤマトを攻めようとしているという図式は、まさに新羅征討後の神功皇后らの立場そのものといっていい。事態がこの記事そのままに推移していたのなら、ヤマトの言いつけを守らなかったのは、仲哀天皇ではなく、ましてや神功皇后でもなく、じっさいのところは、武内宿禰だったということになってくる。

ここに、大きな謎が秘められている。なぜ『日本書紀』は、武内宿禰が反抗したのだとはっきりと記録しないで、仲哀天皇というクッションを置いて、事件をぼやかしてしまったのだろう。

ヒントとなったのは、歴史作家・梅澤恵美子氏の唐突なひと言だった。

「武内宿禰は天日槍？」

かつて梅澤氏は、蘇我氏と隼人《はやと》の関係を鋭く指摘したが、今回は、新羅から来日したという天日槍と武内宿禰が同一なのではないか、と指摘したのである。

一瞬面食らったが、梅澤氏の言わんとしていることは、すぐに了解した。

かつて筆者は神功皇后の夫・仲哀天皇を、天日槍に比定したことがある（『謎の出雲・伽耶《かや》王朝』徳間書店）。そして最近、仲哀天皇は架空の存在であり、武内宿禰の正体を抹殺するための張りぼてにすぎなかったと指摘した（『出雲抹殺の謎』ＰＨＰ文庫）のである。

よくよく考えれば、この二つの私見は矛盾していたのだ。しかし、天日槍と武内宿禰が同一であれば矛盾はなくなる。もっとも、梅澤氏の言いたいことはそれだけではない。

梅澤氏にとっての問題は、なぜ武内宿禰のみならずトヨまでもが、ヤマトに疎《うと》まれたのか、ということであり、ようするにトヨは、天日槍を王に押し立てようとしていたのではないか、と考えたわけである。

天日槍と神功皇后をつなげる系譜

そこで、この仮説が何を意味しているのか、それをご理解いただくためにも、天日槍とはそもそも何者なのか、そのあたりの事情からお話ししなければならない。

天日槍は、実在のヤマトの初代天皇（大王）とされる第十代崇神天皇の子・垂仁《すいにん》天皇の時代に来日している。

垂仁天皇紀三年の春三月の条には、七つの神宝を携えた新羅王子・天日槍が来日し、神宝は但馬《たじま》国に納めたとある。

そしてこれに続けて、「一《ある》に云《い》はく」として、次のような異伝を掲げている。

はじめ天日槍は船に乗って播磨《はりま》国の宍粟邑《しさわのむら》（兵庫県宍粟《しそう》市）にたどり着いた。時に垂仁天皇は人を遣わし、天日槍に名と出生地を尋ねさせた。すると天日槍は次のように答えたという。

「日本に聖皇《ひじりのきみ》がいらっしゃると聞き、自分の国を弟に任せ、こうしてやってきてしまったのです」

天日槍とツヌガアラシトの来日の謎

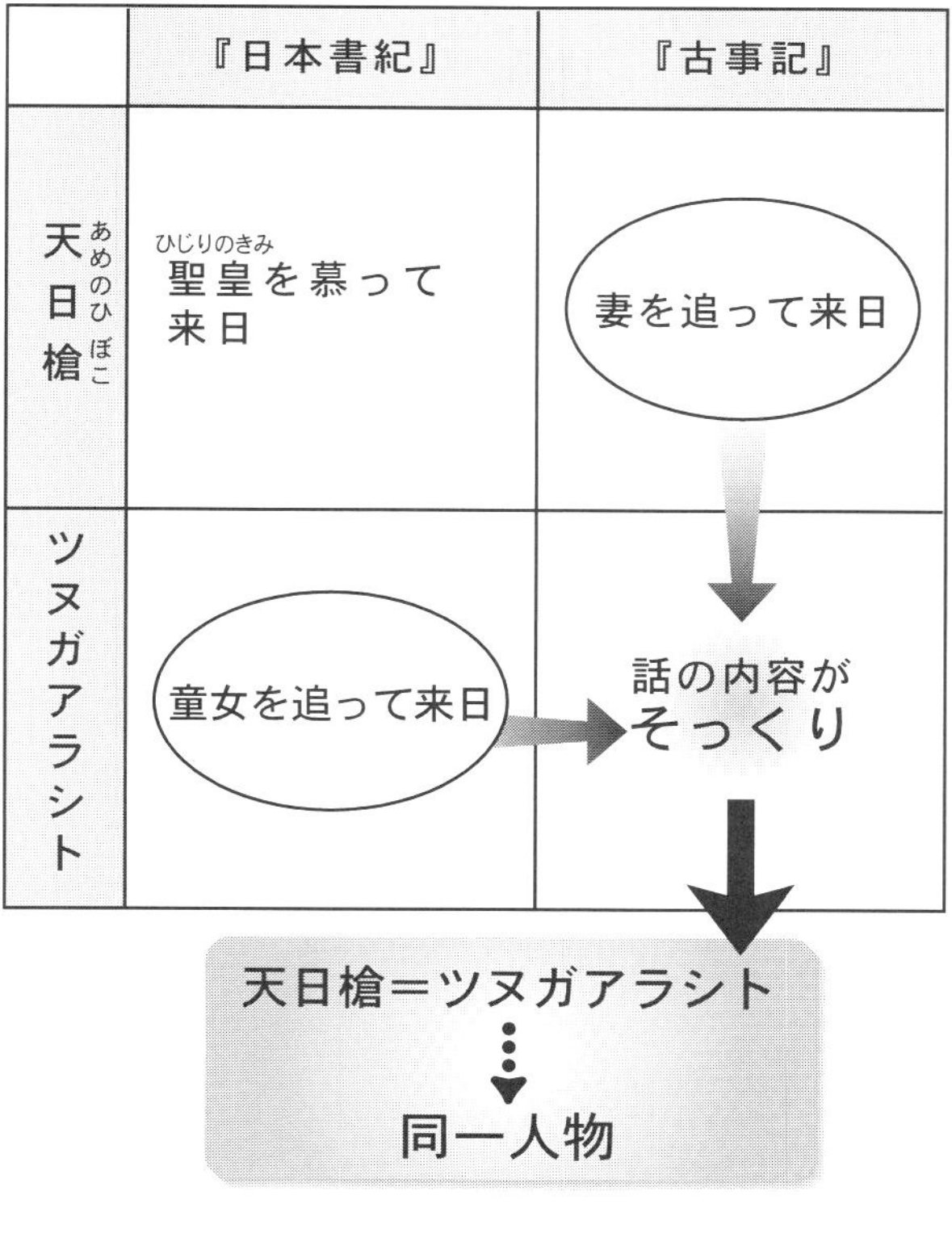

	『日本書紀』	『古事記』
天日槍(あめのひぼこ)	聖皇(ひじりのきみ)を慕って来日	妻を追って来日
ツヌガアラシト	童女を追って来日	話の内容がそっくり

同一人物

そこで天皇は、播磨国の宍粟邑と淡路島の出浅邑《いでさのむら》を天日槍に与えた。すると天日槍は、「私が住む場所は、自分で気に入ったところを探します」

ということなので、天皇はこれを許した。

こうして天日槍は、宇治川から遡《さかのぼ》り、近江《おうみ》・若狭《わかさ》・但馬へと移り、ついに但馬の地を選んだという。そして、但馬国の出嶋《いづし》（出石《いずし》）の人・太耳《ふとみみ》の娘・麻多烏《またお》を娶《めと》り、但《たち》馬《ま》諸助《もろすく》を生んだ。これが田道間守《たぢまもり》の祖である。

これが『日本書紀』が伝える天日槍伝承だ。この人物は新羅の王子で、聖皇＝崇神天皇を慕って日本にやってきたという。

いっぽう、『古事記』の記事は、天日槍（『古事記』では「天《あめ》の日《ひ》矛《ぼこ》」とある）の来日が「偶発的だった」としている。

そこで、『古事記』の話を追ってみよう。ちなみに『古事記』では、第十五代応神天皇の段に載せられている。『日本書紀』の第十一代の垂仁天皇とは、やや開きがあるのだが、これにはカラクリがあって、『古事記』は、天の日矛が応神天皇の時代の話だったといっているのではなく、「昔々」の話だった、としている。ではなぜわざわざ応神天皇の時代に持ってきたのかというと、理由は定かではないが、応神天皇の母・神功皇后の母方の祖が天の日矛であり、天の日矛伝承の最後に、この系譜を掲げている。このような天の日矛と神功皇后のつながりを、『古事記』は示したかったに違いない。

さらに余談ながら、神功皇后の父方の祖は第九代開化《かいか》天皇なのだが、その開化天皇の段にも例外的な形で、天皇から神功皇后に続く系譜を掲げている。それはともかく……。

天日槍が来日した理由

昔、新羅の王子があって、名を天の日矛といった。この王子が来日した理由は、次のようなものだった。

新羅の国にアグヌマという沼があった。この沼のほとりにひとりの賤《いや》しい女が昼寝をしていた。

突然、太陽が七色に輝いたかと思うと、この女のホトを突き刺した。これを見ていた賤しい男は怪しく思っていたが、女は赤い玉を産み落とした。そこで男はこの玉を貰《もら》い受け、持ち歩くようになった。偶然出会った天の日矛が、この男を捕らえて牢《ろう》に入れようとすると、男は無実を訴え、それが聞き入れられないと、やむなく件《くだん》の赤い玉を差し出した。

天の日矛は玉を持ち帰り床の隅に置いた。するとたちまちその玉は美しい乙女に化けた。そこでこの乙女を妻にしたのである。

乙女はいつも数々の御馳走《ごちそう》をつくっては天の日矛を喜ばせた。ところが次第に天の日矛が増長し、態度は横柄《おうへい》になり、妻を罵《ののし》るようになった。

乙女は愛想が尽き、

「そもそも私は、あなたの妻となるべき女ではありません。ですから、私は親の国に行きます」

と告げ、密《ひそ》かに小舟に乗って日本に逃げてしまった。そして行き着いたのが難波《なにわ》であり、この地の比売許曾《ひめこそ》神社（現在は大阪市東成《ひがしなり》区東小橋《ひがしおばせ》にあるが、もともとは天王寺区小橋町愛来目《のうじあくめ》にあったと考えられている）に祀られる阿加流比売神《あかるひめのかみ》になったのだという。

いっぽう妻に逃げられた天の日矛は、難波まで追いかけていったが、難波の津（港）の神が邪魔をして入れてくれなかったので、しかたなく多遅摩国《たぢま》（但馬）に行き、この地にとどまり、多遅摩の俣尾《またお》の娘・前津見《まえつみ》を娶《めと》った。そして二人の末裔《まつえい》が、葛城之高額比売命《かづらきのたかぬかひめのみこと》で、息長帯比売《おきながたらしひめ》（神功皇后）の御祖《みおや》（母）だったという。

これが『古事記』に載せられた天の日矛（混乱を避けるために、このあと、「天の日矛」ではなく「天日槍」で統一する）伝承である。

『日本書紀』の場合、天日槍は聖皇を慕って日本にやってきたといい、『古事記』は女を追ってやってきたのだという。なぜ異なる二つの話が伝わったのだろう。

そこで注目されるのが、『日本書紀』の天日槍来日説話の直前に記録された伽耶王子・ツヌガアラシトの来日説話である。

ツヌガアラシトは来日後北陸の地にとどまり、そのことから「角鹿《つぬが》＝敦賀《つるが》」という地名ができたとされている。

この人物にも謎《なぞ》が多く、神功皇后の御子・応神は、敦賀の笥飯《けひ》神宮で笥飯大神なる神と名を交換しているが、この神はツヌガアラシトと考えられる。

そして、最大の謎は、これから取りあげるように、『日本書紀』のツヌガアラシト来日記事と『古事記』の言うところの天日槍の来日説話がそっくりなことである。

これはいったい何を意味しているのだろう。そこで『日本書紀』のツヌガアラシト来日説話を追ってみよう。

神と鬼という両面性を持った天日槍

崇神天皇の時代、額に角の生えた人が、船に乗って越国《こし》の笥飯浦《けひのうら》（福井県敦賀市）に着いた。そこで、この地を角鹿というようになった。

ある者が「どこの国の人か」と問うと、意富加羅国《おおからこく》（金官伽耶《きんかん》）の王子でツヌガアラシトということだった。そして、なぜ日本に来たかというと、日本に聖皇（崇神天皇）がいらっしゃるから、ということだった。穴門《あなと》（山口県）、出雲（島根県）を経て、敦賀にやってきたという。ところが、やってくるのに手間取っている間に、崇神天皇は亡《な》くなられてしまった。そこでツヌガアラシトはその後三年間垂仁天皇に仕えて帰国したという。

さらに別伝には、次のようにある。

ツヌガアラシトが伽耶にいた頃、逃げた黄牛《あめうじ》を追っていくと、とある村の役人が牛を食べてしまったあとだった。その牛の代わりに白い石をもらいうけた。その石を寝室に置いておくと、美しい童女に化けたのだった。ところが、童女は消え失《う》せてしまった。それを追っているうちに、日本に着いてしまったという。逃げた童女は難波に到り比売語曾《ひめこそ》神社の祭神となり、あるいは豊《とよ》国（大分県）の国前《くにさき》郡にたどり着き、そこでも比売語曾神社の祭神になったという。

これが『日本書紀』に描かれたツヌガアラシトの来日説話である。

名前を入れ替えれば『日本書紀』のツヌガアラシトと『古事記』の天日槍は、そっくりであることはお分かり頂けたと思う。

そこで通説は、両者は本来同一人物だったのではないかとしている。新羅と伽耶は非常に近い間柄だったし、新羅は六世紀に伽耶を併呑《へいどん》しているから、両国はしばしば混同されるからだ。

さらに、「天日槍（天の日矛）」という名が、実在の朝鮮の人物名であったはずがなく、これは一種の「神格化」された名である以上架空の存在であり、したがってツヌガアラシトこそが、実在の本来の名であったのではないか、というのである。

なるほど、そう考えない限り、別人であるはずの二人がここまで重なる理由が判《わか》らなくなる。

だがそれでは、なぜ『日本書紀』は、本来同一だった人物を二つに分け、しかも「天日槍」という「神（しかも男性の太陽神である！）」を編み出さなければならなかったのだろう。

またいっぽうで、ツヌガアラシトの額には角が生えていたなどという、現実離れした話を挿入したのはなぜだろう。額に角が生えているのは異形の人であり、ようするに鬼にほかならない。

谷川健一《たにがわけんいち》氏はツヌガアラシトの「アラ」は「小童《こわつぱ》」の形相で降臨した日の御子を意味しているとしている(『青銅の神の足跡』集英社)。「小童」は鬼であり、だからこそ、額に角を生やしていたと、強調されていたのだろう。

神であり鬼であるという相反する性格を、ツヌガアラシトと天日槍という二人に分け、それぞれに与えた『日本書紀』の意図はどこにあったのか……。

そこで注目しておきたいのは、『風土記《ふどき》』に現れる天日槍なのである。

というのも、『日本書紀』は天日槍を垂仁天皇の時代の人とし、おそらくこれは四世紀ごろの人、ということになるのだろうが、『風土記』の場合、ちょっと様子が違うからである。

天日槍は歴史時代の人なのか神話の神なのか

たとえば『播磨国風土記』には、次のような説話がある。

それは揖保《いぼ》郡（たつの市）の粒丘《いいぼおか》の地名説話だ。

天日槍が韓国《からくに》から渡ってきて、宇頭《うず》の河口で葦原志挙乎命《あしはらしこおのみこと》（出雲神・大己貴神《おおなむちのかみ》＝大国主神）に宿を求め、次のように述べたという。

「あなたは国の主だ。私の住むところを求めたい」

すると葦原志挙乎命は、海の中ならかまわないと冷たくあしらった。それで天日槍は、剣で海をかき混ぜて波の上を宿とした。

ちなみにこの仕草は、『古事記』の出雲の国譲りの場面で建御雷神《たけみかづちのかみ》が波の上に剣を逆さに立て、国譲りを迫った様相とそっくりで、その証拠に、これを見た葦原志挙乎命は、天日槍の武勇を恐れ、国を奪われるのではないかと心配している。

そこで葦原志挙乎命は、先に国をわがものにしようと、粒丘に登り、あわてて食事をした。このとき口から御飯粒が落ちた。そこでここを粒丘と名付けるようになった。この丘の小石は、みな御飯粒に似ているという。

また、葦原志挙乎命が杖《つえ》を地に刺すと、ここから清水が湧《わ》き出て、これが川になったのだとする。

さて、この話、何が奇妙かというと、『日本書紀』が「天日槍は歴史時代の人」とはっきりと打ち出しているのに対し、『風土記』は迷うことなく「天日槍は神話時代」

といい、しかも出雲神と領土争いをしていた、としているからである。

この時代観の差はどこから来ているのだろう。

じつを言うと、『日本書紀』も『播磨国風土記』も、どちらの書き手も「天日槍はヤマト建国以前に日本列島にやってきた」と、同じことを考えていたとしか思えない。ただし、『日本書紀』は、あたかも天日槍の来日がヤマト建国後であるかのように見せかけているだけにすぎない、ということである。

なぜこのようなことが言えるかというと、すでに触れたように、私見は『日本書紀』がヤマト建国を神武、崇神、応神天皇の三回に分けて記述していると考えている。そして応神の母・神功皇后が天日槍の末裔という系譜があるのだから、天日槍の来日が崇神天皇のあとに書かれているからといって、ヤマト建国後の話とは限らない、ということなのである。

だいたい、天日槍が追ってきた女人が比売許曾神社に祀られたという話も、じつに意味深長ではないか。「ヒメコソ」は一歩間違えれば「ヒミコ」に通じるわけで、しかも比売許曾神社の阿加流比売神は「アカル＝明るい」で太陽神的な要素を持っている。ようするに天日槍という太陽神とペアになった「日巫女《ひのみこ》」だからこそ「比売許曾」なのだろう。これは、「邪馬台国の日巫女だから卑弥呼」という話とそっくりではないか。

とするならば、天日槍は邪馬台国からヤマト建国へという動乱期に来日し、しかもこの人物がヤマト建国のキーマンのひとりになったからこそ、二人の人物に分けられ、正体を抹殺された疑いが出てくるのである。

ただそうはいっても、では天日槍の正体とはいかなるものかと言えば、なおいっそうのこと、謎は深まったと言えよう。

しかしここで、意外なヒントが浮上してくる。それが鹿児島県の韓国岳《からくにだけ》なのである。

韓国岳と宇佐《うさ》神宮

韓国岳は鹿児島県と宮崎県の県境に位置する霧島《きりしま》火山群を構成する山のひとつだ。標高は一七〇〇メートルで、連峰一の高さを誇っている。山頂の火口は直径九〇〇メートルである。

この韓国岳から東南に数キロの位置に、天孫降臨神話で名高い標高一五七四メートルの高千穂峰がある。

神話が残っているぐらいだから、地元の人びとは高千穂峰に信仰心をいだいていると、普通は思う。けれども、霧島市国分付近からちょうど真北の正面に屹立《きつりつ》する韓国岳は、特別な存在のようだ。

「今日は韓国岳がよく見えますねえ」

というのが、この地域の挨拶《あいさつ》にもなっているほどなのだ。

それにしても、土着的な要素の強い隼人《はやと》の居住していたこの地域に、なぜ「韓国＝朝鮮半島」の名を冠した山が存在するのだろう。しかもその山は、天孫降臨の神話の霧島山系の中に存在するのである。

その理由になるだろうか。意外にも鹿児島県には、新羅系の渡来人が大挙して移住していた歴史がある。奈良時代に隼人の反乱があって、その前後、新羅系の渡来人が、懐柔するため大量に入植させられていったのである。

では、その人たちが、信仰の対象に、韓国岳と名付けたというのだろうか。

そうではなく、もうひとつの可能性が残されている。ヒントは、宇佐神宮（大分県宇佐市）の伝承である。

宇佐八幡宮の伝承『宇佐八幡託宣集《たくせんしゅう》』には、宇佐に八幡神が出現した縁起を、次のように伝えている。

それによれば、宇佐郡の菱形池《ひしがたいけ》のあたりに八つの頭を持った鍛冶《かじ》の翁《おきな》がいて、近づく者が死んでしまうので恐れられていた。

あるとき大神比義《おおがのひぎ》が近づいてみると、噂《うわさ》とは異なり、金色の鷹《たか》が木にとまっていた。さらに鳩《はと》となって大神比義のもとにやってきた。神が利益《りやく》（神が人に恩恵をもたらし救済すること）しようとしていることを悟った大神比義は山にこもり五穀を断ち、修行を始めた。

三年後、祈禱《きとう》して神に姿を現してほしいと願うと、三歳の「童子」が竹の葉に乗っかって現れた。そして、次のように述べたという。

辛国《からくに》の城に始めて八流の幡《はた》を天降《あまくだ》して、吾《われ》は日本の神となれり
問題の一節である。

ただし、この宇佐神宮の祭神の正体を探っていくためには、少し遠回りが必要だ。

そこで、宇佐神宮の神とは何者なのか、予備知識をつけておこう。

なぜ応神天皇が八幡神となったのか

さて、宇佐神宮の祭神は、誉田別尊《ほむたわけのみこと》（応神天皇）、比売大神《ひめのおおかみ》、大帯姫命《おおたらしひめのみこと》（神功皇后）とされている。

ただし、戦後の史学界は、宇佐神宮の祭神ははじめから誉田別尊＝応神天皇だったわけではない、と考えるようになった。宇佐神宮の原初の信仰形態は、宇佐神宮の背後の御許山《おもとやま》を神体山《しんたいさん》とする信仰があって、さらに渡来系豪族がこの地域に道教を持ち込み、仏教と重なって、独自の信仰形態を醸《かも》し出していった、というものである。

では、このような信仰に、応神天皇が重なっていったのは、いつ頃のことと考えられているのだろう。

奈良時代以前、八幡神が応神天皇だったとする資料はまったくない。八幡宮の祭神が文献に「応神天皇」として現れる初見は、弘仁《こうにん》六年（八一五）の大神清麻呂解状《おおがのきよまろげじょう》で、八幡神をさして、「件大菩薩是亦（品）太上天皇御霊（応神天皇）」とある。

では、なぜ応神天皇が宇佐八幡神と重なっていったのかというと、応神天皇と神功皇后の母子が、新羅征討で大活躍したことも大きな意味を持っていたとされている。

また平安時代、藤原氏が摂関《せっかん》政治を始めるにあたり、朝廷の守護神として石清水八幡宮《いわしみずはちまんぐう》が創建されたが、岡田精司《せいし》氏は、ちょうどこのとき、幼童・清和《せいわ》天皇とその母・藤原明子《ふじわらのあきらけいこ》の母子像を応神と神功皇后に投影し、「祭神を応神天皇母子として八幡信仰を再構成した」のではないか、とするのである（『京の社』塙書房）。

しかし、拙著『継体天皇の謎』（ＰＨＰ文庫）の中で詳述したように、もうひとつ別の見方もできる。

「誉田別尊」や「応神天皇」という尊称は、八世紀に『日本書紀』が編纂《へんさん》され、またその後漢風諡号《かんふうしごう》が考え出されてからの呼び名であった。そして現在の宇佐神宮の祭神の名が「誉田別尊」であったとしても、だからといって、八幡信仰の原初の形が「誉田別尊」信仰であったとは限らないことも確かなことだ。

だがいっぽうで、それ以前実在し、モデルとなった「本当の誉田別尊（名前はもっと別のものであったかもしれない）」に対する信仰がまず宇佐ではじまり、のちに祭神の名を『日本書紀』や「通称」にあわせて「誉田別尊」に書きかえられた可能性が残されているのである。

そして私見は、後者の可能性を重視するのである。なぜなら、「宇佐」にあるのは、強烈な「母子信仰」だけではないからだ。「宇佐」は数少ない「現人神《あらひとがみ》」と称《たた》えられ、それがなぜかと言えば、この神が「祟《たた》る」と頑《かたく》なに信じられていたからである。この「祟る宇佐」は軽視できない。

「祟り」は想像や絵空事ではありえないものだ。何かしらの悲劇的な歴史が背後に隠されていなければ起こりえない。そして、神功皇后（トヨ）が三世紀のヤマト建国の犠牲になり、ヤマトに裏切られたことは、他の拙著の中で何回も触れてきたし、このあと、少し触れる。したがって神功皇后とその子が祟る神と目され、「トヨの国＝宇佐」の地で祀られていた可能性は非常に高いと言わざるを得ないのである。

それよりもここで問題にしたいのは、先述した『宇佐八幡託宣集』の一節だ。特に、「辛国」がどこを意味しているのか、それが問題となる。

まずこの文章を読んで真っ先に思うのは、八幡神がはじめ日本の神ではなかった、といっていることである。これは、高天原から辛国に降臨して、はじめて日本の神になったのか、あるいは、よその国から日本にやってきた、という意味なのだろうか。

まず、「辛国」については、三つの場所を仮定できる。

第一は、「辛国《からくに》」＝「韓国《からくに》」であり、朝鮮半島ということである。

そして宇佐神宮には、「辛国」について、二つの伝承が残されている。ひとつは、欽明《きんめい》天皇の時代、宇佐八幡神は「宇佐郡辛国宇豆高島《うさごおりからくにうずたかしま》」に降臨した、というもの。これは宇佐神宮の近くに「辛国」があった、というわけである。

次に、この「辛国宇豆高島」は宇佐ではなく、大隅《おおすみ》の韓国宇豆峯《からくにうずみね》神社（鹿児島県霧島市）のことだという言い伝えがある。

ひとつの神社の伝承に二通りの答えがあるのは、宇佐神宮の祠官《しかん》に二つの家があるからで、両家の熾烈《しれつ》な勢力争いの歴史が隠されているからだ。もっとも今回、このあたりの事情に深入りするつもりはない。

では、「辛国」をめぐる三つの解釈、どれが正しいのだろう。

日本の韓国（辛国）と天孫降臨伝承

一般的には、「辛国」は朝鮮半島の「韓国」や「加羅《から》（伽耶）」であろうとされている。宇佐神宮の周辺には大量の渡来人が移住していたのだから、その渡来人たちの信仰の中で、宇佐の神が朝鮮半島に降臨し、そこから日本に渡ったと言い伝えられたという話は、極めて自然な流れだからだろう。

だが、どうにも納得できないのは、「辛国の城」に舞い降りてはじめて日本の神になった、といっているからである。「辛国＝韓国」という先入観がなければ、ここにいう「辛国」は、日本列島のどこかの地でなくてはならないはずだ。「宇佐の神は朝鮮半島に舞い降りることで、はじめて日本の神になった」という話では、つじつまが合わず、不自然きわまりないからだ。

そうではなく、日本の中の「辛国」に舞い降りたからこそ、宇佐の神は日本の神になったという意味にしか取れないのである（それにしても、なぜ蘇我氏の正体を探るために、このような謎《なぞ》を解かなければならないのかとお思いであろう。あともうちょっと辛抱してほしい）。

では、「辛国」はどこなのか、という謎にふたたび帰ってくる。答えは単純なことだと思う。「辛国の城」は、鹿児島の韓国岳にほかなるまい。つまり、辛国の城に舞い降りて日本の神になったという話は、ようするに記紀神話に言うところの天孫降臨に通じるのである。

なぜこのように断言できるのか。それは、天孫降臨がたんなる神話ではなく、ヤマト建国の直前、何かしらの悲劇的な事件があって、それが神話化されたのではないかと考えているからである。そして、その悲劇は、宇佐神宮の伝承に、反映されているとしか思えないのである。

そこで問題となってくるのが、それならば、なぜ「天孫降臨」が「辛＝韓」と関わりを持ってくるのか、ということである。

いや、これでは設問を間違えている。じつを言うと、歴史上の応神天皇の周囲には、「韓」が満ちあふれているからだ。

まず、母親からして渡来人の血が混じっている。神功皇后の母方の祖は、『日本書紀』に従えば新羅王子天日槍である。そして、神功皇后は気長足姫尊《おきながたらしひめのみこと》だが、「オキナガ」の名は、「辛国」とのつながりを見せている。

というのも福岡県田川《たがわ》郡香春《かわら》町の香春神社の祭神は辛国息長大姫大目命《からくにおきながおおひめおおまのみこと》、忍骨命《おしほねのみこと》、豊比咩命《とよひめのみこと》の三柱だが、辛国息長大姫大目命は神功皇后の「気長足姫尊」とそっくりで、しかもご丁寧にも「辛国」を名に冠しているのである。

ちなみに、神功皇后が「トヨ」といたるところでつながってくると指摘しておいたが、この神社の祭神も、その例の中のひとつだ。ここでは、神功皇后の「気長足姫尊」を彷彿《ほうふつ》とさせる女神と並んで、「豊比咩」が祀られている。

それはともかく、『豊前《ぶぜん》国風土記』逸文には、次のような記事がある。

それは、豊前の田河《たがわ》の郡の鹿春《かはる》の郷《さと》（ようするに福岡県田川郡香春町）の地名説話だ。昔新羅の国の神がこの地に渡ってきて、この河原に住んだという。そこで名付けて鹿春の神といったのだという。また、これに続けて、香春岳からは銅が採れるとあり、じっさい、新羅系の渡来人がこの山の銅を採掘していたようである。そして香春神社は、もともとは採銅所にあったとされている。

ちなみに、香春神社の神官の中に鶴賀《つるが》氏がいるが、この一族はツヌガアラシトの末裔《まつえい》と伝えられている。また、もうひとつの赤染《あかぞめ》氏はみずから「古代中国の名族」であることを標榜《ひょうぼう》し、また八世紀には「常世連《とこよのむらじ》」の姓を賜っているから、渡来系の氏族であることは間違いない。

このように「オキナガ（応神の母・神功皇后）」の周辺には、渡来人が満ちている。

伽耶王子ツヌガアラシトと応神天皇のつながり

そして、忘れてはならないのが、応神天皇とツヌガアラシトの関係だ。

『日本書紀』神功皇后摂政十三年春二月の条には、次のような奇怪な記事が載っている。それによれば、神功皇后は武内宿禰に命じて、太子（応神天皇）のお供をさせ、角鹿の笥飯大神《けひのおおかみ》を参拝させたという。

ところで、この話には、まだ続きがある。

応神天皇即位前紀の「一に云《あるい》はく」には、次のような記事がある。

『古事記』による天日槍の末裔の系譜

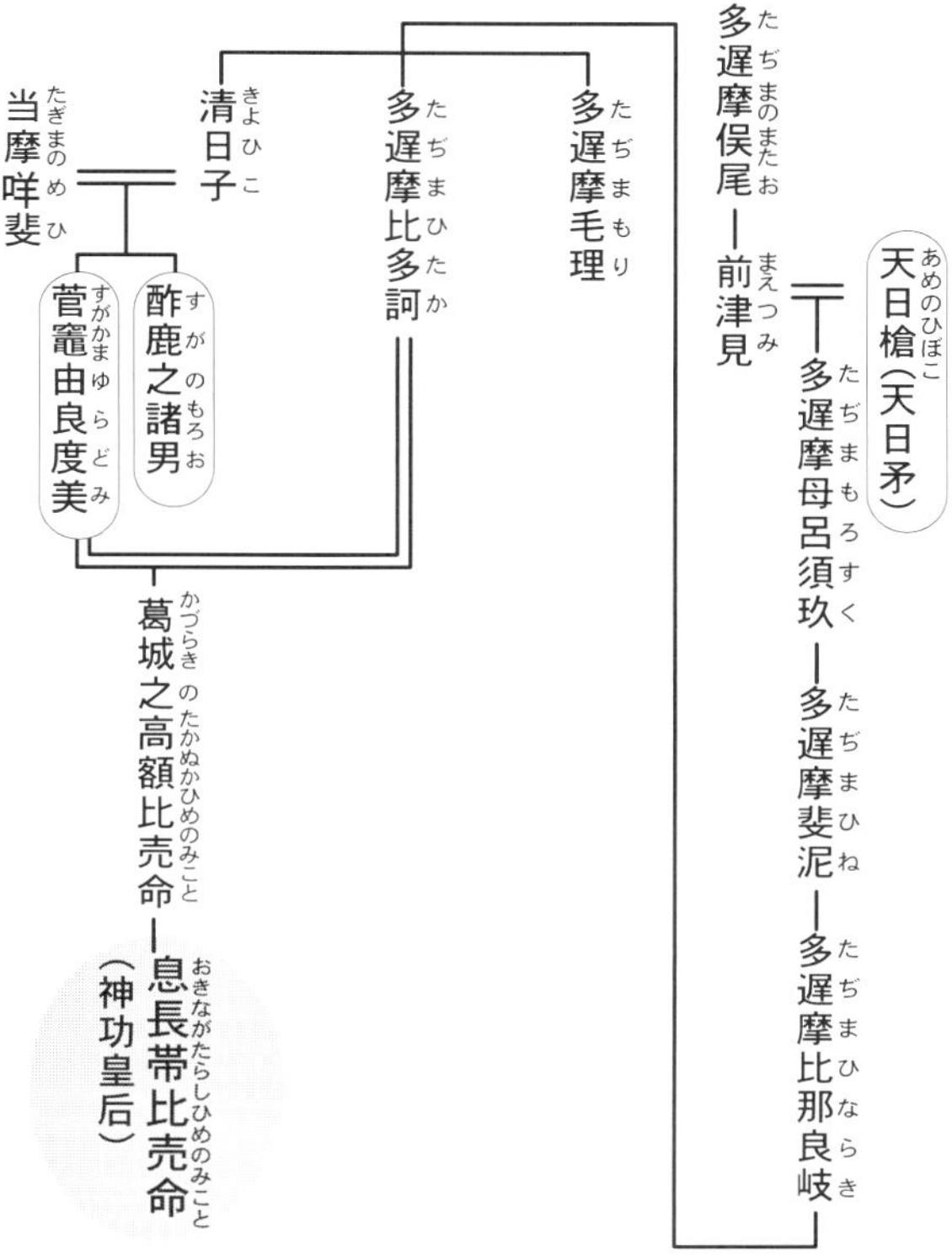

それによれば、応神天皇は太子だった頃越国に行き、角鹿の笥飯大神を参拝した。このとき、大神と太子は、名を交換したというのだ。

それで大神を名付けて去来紗別神《いざさわけのかみ》といい、太子を誉田別尊《ほむたわけのみこと》と名付けたという。つまり、大神の最初の名は誉田別神《ほむたわけのかみ》で、太子の元の名は去来紗別尊《いざさわけのみこと》といったらしい……(『日本書紀』は最後に、はっきりしたことは分からないが、と逃げている)と書かれ、『古事記』にも、似たような話が載っている。

ここに現れる笥飯大神とはいったい何者なのであろう。それはすでに登場した、ツヌガアラシトにほかならず、ようするに天日槍であろう。

『日本書紀』を信じれば、天日槍は神功皇后の母方の数代前の祖であるが、太子をわざわざ越まで出向かせ参拝させ、しかも名前を交換する必要などどこにあったのだろう。その上、歴史書に特記されなければならなかったのはなぜだろう。

興味深いのは、天日槍の末裔の系譜である。

『古事記』には、次のようにある。

天日槍は多遅摩《たぢま》国にとどまり、多遅摩の俣尾《またお》の娘・前津見《まえつみ》を娶《めと》った。そして生まれた子が、多遅摩母呂須玖《たぢまもろすく》で、これの子が多遅摩斐泥《たぢまひね》、これの子が多遅摩比那良岐《たぢまひならき》、これの子が多遅摩毛理《たぢまもり》、次に多遅摩比多訶《ひたか》、次に清日子《きよひこ》の三柱だった。この清日子が当摩咩斐《たぎまのめひ》を娶って生んだ子は酢鹿之諸男《すがのもろお》、次に妹がいて、菅竈由良度美《すがかまゆらどみ》だった。すでに述べた多遅摩比多訶が姪《めい》の由良度美《ゆらどみ》を娶って生んだ子は、葛城之高額比売命《かづらきのたかぬかひめのみこと》で、この人物が、息長帯比売命《おきながたらしひめのみこと》（神功皇后）の御祖《みおや》（母）である、というのである。

一般にこの記事は、天日槍と神功皇后の系譜のつながりを説明するときに引用されるが、酢鹿之諸男とその妹、菅竈由良度美の名に冠せられた二つの「スガ」を無視することができない。「スガ」が「ソガ」とすれば、天日槍と「蘇我」、あるいは武内宿禰との間に、接点があって、しかも『古事記』は天日槍の系譜の中に、そっと「スガ」の兄と妹をしのばせていたことになる。

天日槍とそっくりで正反対という不思議な神サルタヒコ

なぜ天日槍の末裔に「スガ」がいるのだろう。

天日槍の末裔が「スガ」ならば、天日槍と蘇我の間に、歴史から隠された秘密の接点があるというのだろうか。

ここで話は少し遠回りをする。

天日槍と「スガ」のつながりの謎を解くためのヒントとなる神にご登場願おう。

それは、天日槍とそっくりなのに、天日槍と正反対という、不思議な神・サルタヒコなのである。

そこでまず、サルタヒコはどのように神話に登場してきたのか、サルタヒコとは何者なのか、その活躍を追ってみよう。

『日本書紀』神代下第九段一書第一には、次のような説話が残されている。

それはまさに、出雲の国譲りが完了し、天津彦彦火瓊瓊杵尊《あまつひこひこほのににぎのみこと》が地上界に降臨しようとしたその時であった。先駆けをしていたものがもどってきて次のように報告した。

「この先の天《あめ》の八衢《やちまた》にひとりの神がいます。その鼻の長さは七咫《ななあた》、座っても七尺《ななさか》、背の丈は七尋《ななひろ》もあろうかという大男です。口と尻《しり》が光り、目が八咫鏡《やたのかがみ》のようで、照り輝く姿は、まるでホオズキのようです」

そこで使いを出し、子細を尋ねさせようとしたが、相手の眼力の強さに圧倒され、すごすごともどってきてしまった。そこで「眼力」なら引けを取らない天鈿女命《あまのうずめのみこと》に命じて大男に立ち向かわせたのだった。

天鈿女命は胸元を露《あら》わにして裳《も》の紐《ひも》をゆるめ臍《へそ》の下にたらし、大笑いして大男の神に対峙《たいじ》し、天照大神《あまてらすおおみかみ》の御子がお通りになるのに、なぜそこに立っているのかと問いただした。すると、大男は「猨田彦大神《さるたひこのおおかみ》」と名乗り、天照大神の御子たちを出迎え、お待ちしていたと言う。そして猨田彦は天鈿女命の前に立ち、一行を先導した。

こうして無事に天孫降臨が終わったのだという。ちなみにこののちサルタヒコと天鈿女命は、二人仲良く伊勢《いせ》に向かっている。

これが『日本書紀』に記されたサルタヒコの活躍である。

ところで、サルタヒコは天の八衢で光り輝いていたとあるが、これは太陽神のイメージである。このことは通説も認めている。そして、長い鼻を持っているのがサルタヒコの最大の特徴だが、天鈿女命がサルタヒコに向かって下半身を露わにしたところから、長い鼻の意味は明瞭《めいりよう》である。これは男性のシンボルにほかならない。各地の祭りでサルタヒコがしばしば「矛」を持って神輿《みこし》を先導するのは、「矛」が男根のシンボルだからでもあろう。

あまり指摘されないが、このようなサルタヒコの特徴は、まさに天日槍のそれなのである。

すでに触れたように、天日槍の「天日」は天に輝く太陽を意味している。そして「槍（矛）」は、男性のシンボルでもあり、これはサルタヒコの長い鼻に通じる。このように、両者は鏡に映したようによく似ている。

ところが、これほどよく似ているのに、「似ている」と騒がれないのはなぜだろう。

それは、両者に正反対の属性があり、まったくの別物と考えられたからにほかなるまい。

その、決定的な差とは、「国籍」の違いである。『日本書紀』は天日槍を新羅王子とし、かたやサルタヒコを国《くに》つ神《かみ》だったという。国つ神とは、ようするに日本列島土着の神を意味しているのだから、これでは両者はよく似ていても、同一というわけにはいかないし、似ているのは偶然、ということになってしまう。

ところが、ここで奇妙なことが起きる。というのも、サルタヒコは武内宿禰に似ていて、しかも天日槍も、神功皇后や応神といった武内宿禰の身内と接点を持っているからだ。

たとえばサルタヒコは「嚮導《きょうどう》の神（導く神）」なのだが、この属性が武内宿禰と通じてくる。武内宿禰が住吉大神《すみよしのおおかみ》の別名「塩土老翁《しおつつのおじ》」と同一であると私は考えているが、「塩土老翁」は幾たびも、天皇家の祖を導く役目を負っている。

さらに、天日槍と武内宿禰の間にも、「スガ」という共通項があった。

また、くどいようだが、天日槍とサルタヒコは、「国籍」は違っていても、属性はそっくりなのだ。

とするならば、武内宿禰と天日槍は、サルタヒコを通じて、一本のラインでつながってくる可能性が出てくる。三者は、不思議なトライアングルを形作っている。

これはいったいなんだろう。

サルタヒコと天日槍と武内宿禰を結ぶ糸

天日槍とサルタヒコ、武内宿禰をつなぐ糸はこれだけではない。

話は、天孫降臨の地・鹿児島に飛ぶ。

鹿児島県曾於《そお》市大隅町の岩川《いわがわ》八幡神社の祭りに「ホゼ」がある。「放生会《ほうじょうえ》」がなまって「ホゼ」というようになったとされているが、この祭りは浜下りで、「弥五郎《やごろう》ドン」という大きな人形が、神輿を先導するのだ。

弥五郎ドンは身の丈五メートルで、鬼のような面をかぶり、孟宗竹《もうそうだけ》の籠《かご》でつくられた胴体に、単衣《ひとえ》を着込み、腰には刀をさし、両手で正面に大きな矛を持っている。

岩川八幡神社はあまり古い伝統をもっていない。十一世紀前半に京都の石清水八幡宮から勧請《かんじょう》されたものだが、なぜか祭神に武内宿禰を加えている。そして、弥五郎ドンが、武内宿禰とする伝承が根強く残っているのである。

もっとも、何度も言うように、武内宿禰が祭神といっても、たいがいは「後世の付会《ふかい》」と片づけられてしまうのがおちだ。

鹿児島の弥五郎ドンも、武内宿禰がこの地域とまったく関係を持っていないということも手伝って、弥五郎ドン＝武内宿禰説は、あまり支持されていない。本来は土着の神を祀《まつ》っていたところに、石清水八幡を勧請した際に、武内宿禰の伝承が紛れ込んだのだろう、程度の扱いである。

では、弥五郎ドンとは何者なのか……。

ひとつの考えにサルタヒコなのではないか、というものがある。

弥五郎ドンが神幸《しんこう》に際し巨大な矛をもって露払いをして練り歩くように、サルタヒコも、各地の祭りの場面で、まったく同様の働きをする。また、神話に登場するサルタヒコは、とてつもない巨人であった。まさに、サルタヒコと弥五郎ドンは瓜《うり》二つだ。

しかも、サルタヒコは天孫降臨の先導役を務めた神であった。皇祖神《こうそしん》たちは、大隅町とはほど近い、宮崎県と鹿児島県の県境の霧島山系と目される高千穂（宮崎県西臼杵《にしうすき》郡高千穂町の高千穂峰という説もあるが、私見は霧島説をとる）に降臨している。

すなわちサルタヒコと鹿児島は、神話の時代から結ばれていたのであって、弥五郎ドンは武内宿禰とするよりも、この地に神話の時代から縁を持っていたサルタヒコと

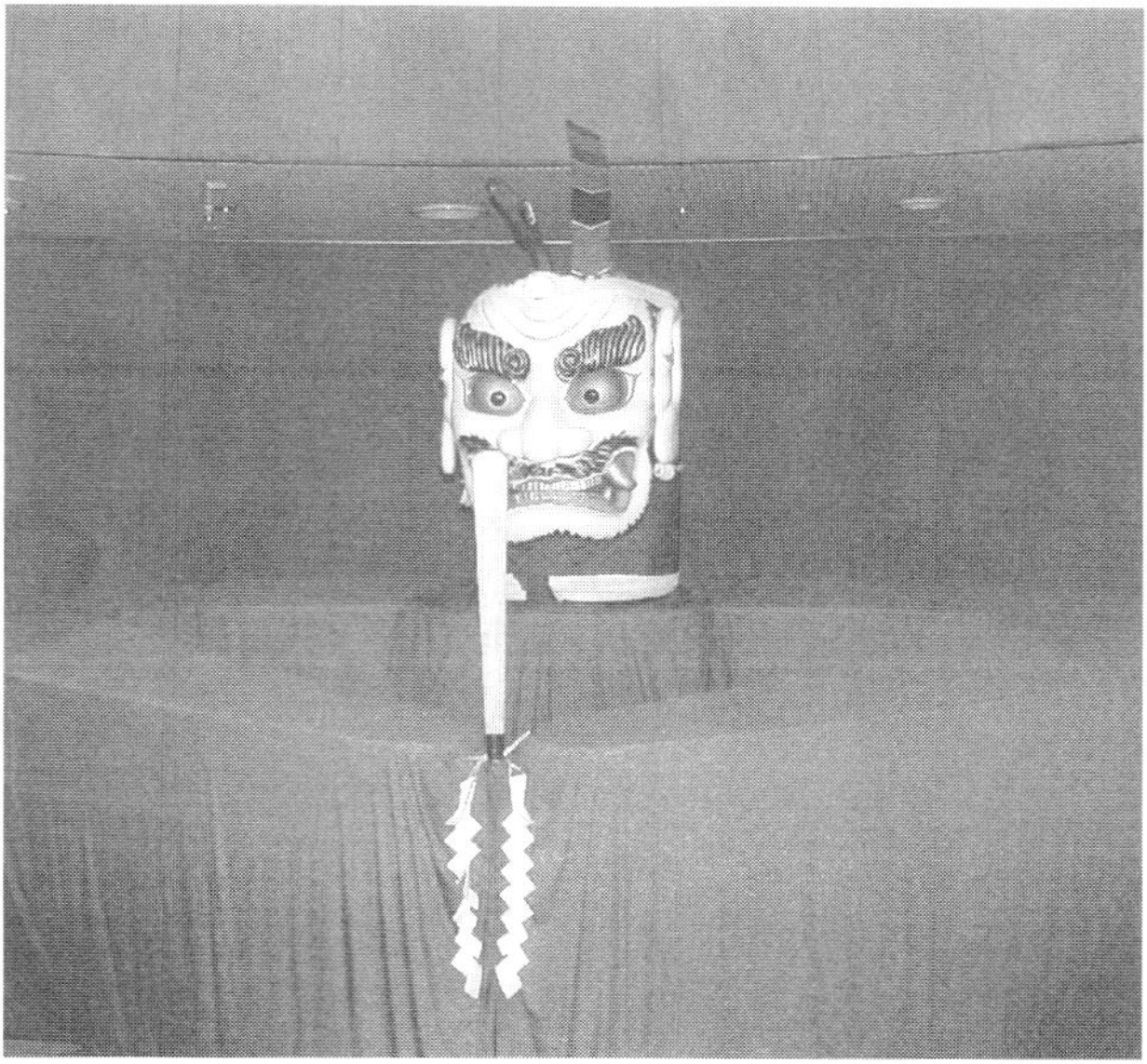

武内宿禰が祭神の岩川八幡神社の祭り「ホゼ」に登場する「弥五郎ドン」。身の丈5メートル、鬼の面をかぶり、孟宗竹の籠で造られた胴体に刀をさし、両手で正面に大きな矛をもっている。

する説の方が、説得力を持っていることになる。

したがって、ここでひとつの疑問が浮かぶのだ。しつこいようだが、サルタヒコは天孫降臨に活躍した神であり、鹿児島と非常に縁の深い神であったはずだ。ところが大隅町では、サルタヒコとそっくりな弥五郎ドンを、あえて「武内宿禰」と考えていたわけである。これは逆に不自然きわまりない。

だが、サルタヒコと武内宿禰は「皇祖神を導く」という共通の属性を持っているのだから、両者を同一人物と考えると、多くの謎《なぞ》が解けてくる。

そして、サルタヒコと武内宿禰は、じっさいに意外な場所でつながってくるのだ。それがどこかというと、天照大神の祀られる「伊勢」である。

伊勢と出雲二つの国譲りの秘密

皇祖神を地上界に導いたのち、サルタヒコは天鈿女命とともに、伊勢に向かったのだと神話は伝えている。

サルタヒコが阿耶訶《あざか》（三重県松阪市）にいたときのことだ。漁をしていたら、比良《ひ》夫《ぶ》貝《がい》に手を挟まれ、海に沈み溺《おぼ》れてしまったとある。そしてここでは、三つの状態の三つの名前があって、一番底に沈んだときの名は底度久御魂《そこどくみたま》といい、海水が泡だったときの名を都夫多都御魂《つぶたつみたま》といい、泡がはじけたときの名を阿和佐久御魂《あわさくみたま》といったのだという。

このような風変わりな伝承は、服属儀礼説話とされている。サルタヒコは皇祖神を導いただけではなく、国を譲り渡したということなのだろう。

問題は、伊勢の地で「国譲り」をしたのは、サルタヒコだけではなかった、ということなのである。

『伊勢国風土記』逸文によれば、伊勢津彦《いせつひこ》はこの地で天孫族に国譲りをしたのち、信濃《しなの》（長野県）に逃げていったというが、この神は出雲系である。

これは『古事記』に記された次のような出雲の国譲り神話の再現であろう。天孫族の強要に最後まで抵抗したタケミナカタなる神は、やはり信濃の諏訪《すわ》に落ち延びたとあるからだ。

すなわち、出雲と伊勢、二つの土地で、そっくりな事件が起きていたことになる。

これはけっして偶然ではあるまい。

そして、『日本書紀』に記された出雲の国譲りでは、事代主神《ことしろぬしのかみ》が天孫族の要求を聞き入れ、その後呪術《じゆじゆつ》をほどこして海の底に消えていったとある。この呪術は、「逆手《さかて》」

というもので、その仕草は、サルタヒコが伊勢で貝に手をはさまれた姿を彷彿《ほうふつ》とさせている。

事代主神が武内宿禰と共通点を持っていたことは、第三章で述べた。とするならば、「出雲」を通じて、武内宿禰とサルタヒコはつながっていたことが分かる。

ようするに、トヨや応神の南部九州への逃避行こそが、出雲の国譲りであり、天孫降臨神話の本当の姿だったわけで、その舞台となった鹿児島の地で、サルタヒコと武内宿禰の伝承が混同されていたことは、むしろ当然だったということになる。

幼い応神を守り南部九州に逃れたのは、武内宿禰であり、これが神話となって、サルタヒコが生まれた、ということにほかならないのである。

天日槍とつながるサルタヒコと武内宿禰

武内宿禰本人がサルタヒコであった。

とするならば、最後に残された謎は、サルタヒコと天日槍の間に残された「国籍」という問題である。これをどう解決すればいいのか。

『日本書紀』はサルタヒコを国つ神であることを強調し、かたや天日槍は渡来人であるとした。したがって、両者がこれほどそっくりなのに、誰も同一とはみなさなかったのだ。

しかし、ここが『日本書紀』のカラクリであり、その真意は、武内宿禰の正体を抹殺することにあったのではなかったか。われわれは、すっかり『日本書紀』の術中にはまっていたのだ。ここにいう武内宿禰の正体とは、ようするに七世紀に活躍した蘇我氏の祖のことである。

では、『日本書紀』の仕組んだ歴史改竄《かいざん》のトリックを、どうやって解きほぐしていけばいいのだろう。

ただここで、「国籍問題」は、ひとまず棚上げしておかなければならない。このもっとも難解な謎は終章で解き明かすとして、ここではまず、天日槍とサルタヒコと武内宿禰が同一であったことを前提にしてみたとき、どういう仮説が得られるのかを、検証していきたいのだ。

さて、梅澤恵美子氏は「武内宿禰は天日槍」という推理を導き出した決め手は「なぜトヨがヤマトに裏切られたのか」その謎があったからだという。

ヤマトから送り出されてヒミコを倒したのだから、トヨが女王に君臨することは、当然のことであった。それにもかかわらず、なぜトヨはヤマトに裏切られなくてはならなかったのか、ということである。

それは、「魏志倭人伝」の中にヒントが隠されていたのである。

問題は、「魏志倭人伝」にいう男王が、いったい誰なのか、なぜ誰もが男王の存在を不服に思ったのか、ということである。

だが、男王を天日槍（武内宿禰）と考えることで、多くの謎が解ける。すなわち、ヒミコ征討の最大の功労者は天日槍だっただろう。そして、だからこそ王位を獲得したのである。ところが、天日槍が「日本人ではなかった」ところに、話の妙がある。

『日本書紀』によれば、武内宿禰が北部九州に出向いているとき密告されたとある。「謀反《むほん》」を計画しているというのだ。

その記事によれば、武内宿禰は、三韓（朝鮮半島南部の国々）と手を組み、日本を乗っ取ろうとしている、というのである。それは、まさしく天日槍の立場を雄弁に物語っていよう。

天日槍を救ったトヨ（神功皇后）

『播磨国風土記』が証言するように、天日槍は出雲神もたじろぐほどの武勇を見せたようだ。

そしておそらく、現実の天日槍は日本にとどまるのならヒミコを討ってみろという誘いに乗ったに違いない。あるいは三世紀の倭（ヤマト）と新羅や伽耶（もちろんこの当時、これらの地域は国家としてまとまっていたわけではない。正確に言えば、辰《しん》韓《かん》や弁韓《べんかん》）の地域を巻き込んだ同盟関係が成立していて、そのために天日槍が来日していた、ということも想定可能だ。

もちろん、資料の欠落があるから、正確な歴史を再現することはできない。しかし、天日槍が朝鮮半島からやってきて、ヤマトと手を組んだということは事実であろう。

いずれにせよ、軍団を率いて勇躍天日槍は北部九州に赴いたのだろう。だが、彼は強すぎたのではなかったか。それこそ、源《みなもとのよしつね》義経が大勝利を収め、この勝ち方が完璧《かんぺき》だったために、兄の源《みなもとのよりとも》頼朝に恐れられたように、である。

「日本人ではない天日槍」が北部九州で王権を握ってしまえば、ヤマトも黙ってはいられなかったろう。第一、北部九州が関門海峡を封鎖すれば、ヤマトは身動きが取れなくなるという地理上の脆弱性《ぜいじやく》を抱えていた。それを打破するための、北部九州征討だったはずだ。朝鮮半島南部の発言力が強まって玄界灘《げんかいなだ》周辺がヤマトの思い通りにいかなくなるという恐れも出てくる。これでは元《もと》の木阿弥《もくあみ》になってしまう恐れもある。

だからヤマトは、新たな王「天日槍」を拒否し、北部九州は戦乱に突入し、その後、トヨが女王として君臨することで、両者は妥協点を見出《みいだ》していったに違いない。もちろん、ヤマトからすれば、トヨはヤマトの言いなり、という計算があっただろう。だからこそ、ヤマトもトヨの即位を応援したという図式が成り立つのである。

ところが……。ことは意外な方向に進む。

梅澤氏は、これまでの古代史論議からは、まったく無視されてきた、「人の心」を読みとろうとしている。すなわち、トヨがヤマトの意志を引き継いだかのように見せかけたのは、天日槍との間にできた、強い絆《きずな》があったからではないか、とする。つまり、トヨと天日槍が結ばれ、子を産むのは、その絆ゆえ、ということになろう。

たとえば、卑弥呼の死後の混乱を収拾するためにヤマト側が出した条件は、天日槍を殺すことだったはずだ。この事実が、仲哀天皇に対する神の怒りと死、という説話に残されたに違いない。ところが、どうやら天日槍は殺されなかったようである。

トヨ（神功皇后）が「もうひとりの卑弥呼＝日巫女《ひのみこ》」であり、太陽神とかかわりを持った女人であったこと、卑弥呼とよく似た「ヒメコソ」と混同される神話時代の下《した》照姫《でるひめ》（阿加流比売神と同一であり、阿加流比売神は比売許曾神社で祀られている）と同一であることは、『天孫降臨の謎』（ＰＨＰ文庫）の中で述べたが、『日本書紀』の神話に記された下照姫の夫・天稚彦《あめわかひこ》の運命が、天日槍の「その後」を暗示している。

　天稚彦は、出雲を乗っ取ろうという高天原の高皇産霊尊《たかみむすひのみこと》が出雲に送り込んだ神だった。ところが、下照姫と結ばれた天稚彦は、出雲に同化してしまい、復命しなかったのだ。怪しんだ高皇産霊尊は、無名雉《ななしきぎし》を送り込むが、天稚彦は高皇産霊尊にもらった天羽羽矢《あまのははや》で無名雉を射殺してしまった。そして天羽羽矢は高天原《たかまのはら》の高皇産霊尊の元に飛んでいった。

　見覚えのある矢に血糊《ちのり》がついているのを見た高皇産霊尊は、天稚彦が国つ神と戦っているのだろうと矢を投げ下ろした。すると、天稚彦は胸を貫かれ、亡《な》くなられたのである。

　妻の下照姫は嘆き悲しみ鳥たちを集めて葬儀を執り行うが、ここで奇怪な事件が起きている。

　天稚彦の親族は葬儀に駆けつけたが、天稚彦とそっくりな出雲神・味耜高彦根神《あじすきたかひこねのかみ》の姿を見て、「天稚彦は生きていた」と大喜びしたという。味耜高彦根神は、「不吉だ」といって激怒したというのだ。

死んだはずなのに生きていた武内宿禰

似たような話は、武内宿禰にもある。

応神九年夏四月のことだ。すでに述べたように、筑紫《つくし》に遣わされていた武内宿禰が謀反を企《たく》らんでいるという讒言《ざんげん》があった。

天皇はこの密告を信じ、刺客を筑紫に向かわせたのだった。

これに対し武内宿禰は、「私には二心はない。罪もないのに、なぜ死ななければならないのか」と嘆いてみせたが、どうしようもない。

このとき、壱伎直《いきのあたい》の祖の真根子《まねこ》という者が武内宿禰の前に進み出ていうには、

「大臣（武内宿禰）が天皇に忠誠を尽くしていることは、天下の人びとが知るところです。願わくは、密《ひそ》かに帰朝し、罪なきことを証明していただきたい。それから死なれても遅くはないでしょう。人びとは私と大臣がよく似ていると言います。ですから私がここで身代わりになって死にましょう」

そう言って、剣を引き抜き、命を絶ったのだった。

武内宿禰は大いに悲しみ、また筑紫を去り、都に向かい、探湯《くかたち》（神明裁判）に打ち

天日槍《あめのひぼこ》、トヨ、ヤマトの謎を解く

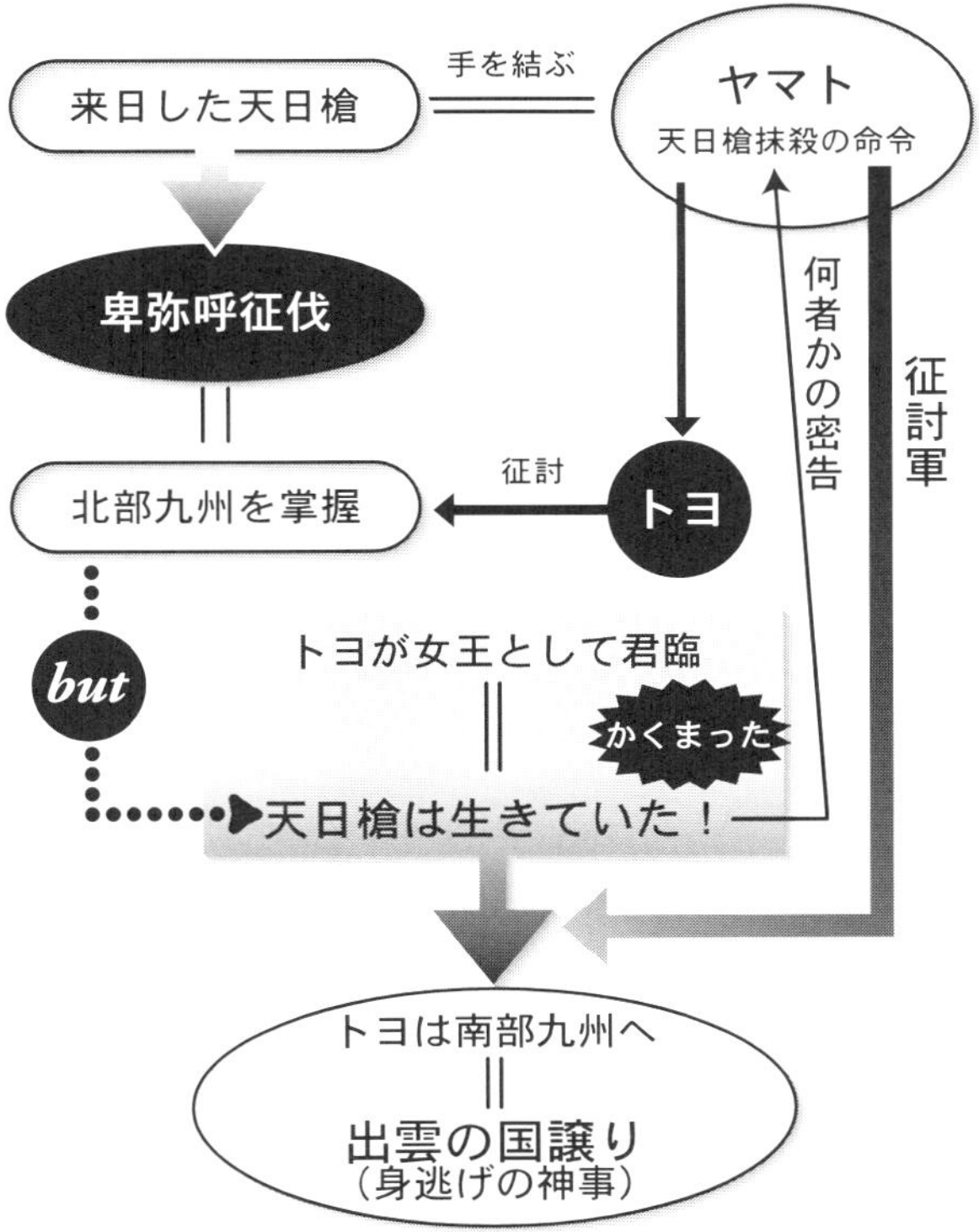

勝ち、無実を証明したのだった。

武内宿禰や神功皇后（トヨ、下照姫）の周辺に、「悲劇的な死」と、「そっくりな人間が身代わりになった」という話がごろごろしているのはなぜだろう。それは、ヤマトに殺されかけた天日槍を、トヨが匿《かくま》い、あるいは隠したからではなかったか。「天日槍」は死んだふりをした。そしてトヨが女王として君臨する。だが、トヨの身内の誰かが、「天日槍は死んでいない」とヤマトに密告していたとしたら……。すべての謎が一気に解けてくるのではあるまいか。

ちなみに、このような「死んでいたはずなのに生きていた」というヤマト建国直前の天日槍をめぐる事件は、唐突のようだが出雲《いずも》国造家《こくそうけ》の「身逃げの神事」という秘儀になって語り継がれているように思えてならない。この神事の中で、出雲大社から稲《いな》佐《さ》の浜《はま》へ、禰宜《ねぎ》が神幸する（この禰宜は出雲国造ではない）。けれどもその姿を誰も見てはいけないのだという。誰かに見られたら、最初からやり直すほど厳格な決まりだという。

ところが、ここが奇妙なのだが、この祭りの主役は、この神幸する禰宜ではない。出雲国造は、この間、他家に身を預け、「隠れている」のである。すなわち、「見てはいけない神幸をする禰宜」にみなの神経を集中させておいて、主役の出雲の国造は、ただ「身逃げ」をしているだけ、という祭りなのである（だから身逃げの神事という）。

ちなみに、禰宜が向かう稲佐の浜は、出雲国譲りの舞台となった出雲にとって屈辱の浜である。

残された最後の謎《なぞ》

出雲の身逃げの神事は、「匿われた天日槍」の故事を題材につくられたものに違いない。というのも、ヤマト建国ののち、山陰地方は急速に没落していったからだ。ヤマト建国後の出雲の没落という現象は、考古学的にも確かめられていて、出雲の謎のひとつとされている。

なぜこのようなことが起きていたかというと、トヨが、ヤマトに対抗するために、山陰地方の諸勢力を味方につけた疑いが強い。そしてだからこそ、恨みをもって死んでいっただろうトヨや天日槍（武内宿禰）の霊を出雲で祀《まつ》り、しかも『日本書紀』は、彼らの正体を抹殺するために、「出雲神話」を構築し、すべてをお伽話《とぎばなし》にすり替えたということだ。

このように、天日槍とトヨ（神功皇后）のコンビが、ヤマト建国の直前、西日本の動乱の主役に立っていたことは間違いないだろう。そして、トヨは当初、天日槍（武内宿禰）を王位につけようと尽力するも、ヤマトの了解を取り付けることができず、それどころか戦乱が起きてしまった。そこでトヨは「天日槍を殺した」と偽り、トヨ自身が王位について、混乱を収拾したのだろう。しかしやがて真実はヤマトに伝わり、トヨもヤマトに捨てられたということになる。結局、深い恨みだけを残して、トヨたちは南部九州に消えていった。

のちにヤマトでは、人口が半分になるほどの天変地異と疫病《えきびょう》の流行があって、トヨの祟《たた》りに怯《おび》えた（四世紀ごろ、日本列島が寒冷期に入ったことは、科学的に確かめられている。トヨを裏切ったという気持ちがあるヤマト側にすれば、何でもかんでも祟りに思えたに違いないのだ）。だからこそ「トヨの御子＝神武天皇（応神天皇）」をヤマトに連れてきて擁立することで、「祟るトヨ」の御霊《みたま》をなぐさめたということになる。三輪山山頂にまつられる日向御子《ひむかのみこ》なる神こそが、「祟るトヨの御子」であり、日向からヤマトに連れてこられた神武天皇そのものであることは、『呪いと祟りの日本古代史』（東京書籍）の中で述べたとおりだ。

したがって、ヤマト朝廷がもっとも恐れた祟り神が、「トヨ」であったことになり、彼らは必死になって祀ったに違いない。

では、どこで「トヨ」は祀られていたのだろう。

それが「伊勢」であろう。

天孫降臨に際し、皇祖神を先導したサルタヒコは、そのあと伊勢に向かい、服属儀礼をして海に沈んだ。この説話は、伊勢神宮の本当の祭神を知るための、大きなヒントになってくるのではあるまいか。

というのも、サルタヒコは天日槍であり、男性の太陽神である。これに対し「トヨ」は、伊勢神宮の外宮《げくう》に祀られる「豊受大神《とようけのおおかみ》」そのものであろう。

もっとも、このような祭祀《さいし》形態が確立されたのは、じっさいにはいつ頃のことなのか、はっきりしない。そして、八世紀の朝廷は、伊勢の本当の祭神を、「天照大神」と「豊受大神」という名にすり替えて、歴史の真相を闇《やみ》に葬《ほうむ》ったに違いない。それでも、サルタヒコが伊勢の周辺で強烈な光芒《こうぼう》を放っているのは、理由のないことではなかったのである。

また、八世紀以降、天日槍（サルタヒコ、武内宿禰）とトヨ（神功皇后）の夫婦関係を語ることこそが、歴史上最大のタブーになっていったに違いない。しかし、住吉大社の伝承は、住吉大神と神功皇后との密通という形で語り継ぎ、何とかして真相を後世に伝えようとしたわけである。

こうして、出雲の国譲り、天孫降臨に天日槍がどのように関わりを持っていたのか、なぜヒミコ亡き後男王が立ち、しかも混乱が起き、トヨ（神功皇后）が立てられたのか、そして、なぜヤマトはトヨを裏切ったのか、ヤマト建国をめぐるすっきりとした仮説を得ることができたのである。

ただここで、最後の謎が残された。それは、天日槍の国籍をめぐる問題である。せっかく一本の線でつながったヤマト建国の謎であるが、天日槍とサルタヒコの正反対の国籍という難題だけが残ったのである。

また、この矛盾を、次のように言いかえることも可能だ。

それは何かというと、武内宿禰が天日槍ならば、なぜ『日本書紀』は武内宿禰を、「新羅からの渡来人」と、声を大にして言わなかったのか、ということである。

つまらない謎に見えて、この謎は大きな意味を持っている。

『日本書紀』がもっとも罵倒《ばとう》したかった政敵が「蘇我」であったことは、あらためて述べるまでもない。その憎い蘇我氏の祖が「武内宿禰」であった。しかもその人物が「新羅（あるいは伽耶）」出身の天日槍なら、『日本書紀』は迷うことなく、蘇我氏と武内宿禰の系譜を引き離すことなく、その正体を明言していたはずではないか。

すなわち、武内宿禰が新羅から来日して王権を狙《ねら》い、しかもヤマトがこれを阻止し、潰《つぶ》してしまったことまで、「そらみたことか」と、けなしながら喧伝《けんでん》する手はあったわけである。

ところが、『日本書紀』は微妙な記述を行った。どうしたかというと、蘇我と武内宿禰をわざわざ切り離し、さらには、武内宿禰を天皇家から分かれた豪族と位置づけた。その上で武内宿禰をけなすと思いきや、三百歳の長寿を保ったヤマト朝廷の忠臣と褒め称《たた》えたわけである。

もし、これまで語ってきた仮説が正しいとすれば、なぜこのような事態が生じたか、その理由を明らかにしなければなるまい。

次章で、最後の謎解きをしてみよう。

第五章　蘇我氏の正体

なぜ『日本書紀』は蘇我が渡来人と喧伝《けんでん》しなかったのか

蘇我氏の正体。それは、新羅《しらぎ》王子・天日槍《あめのひぼこ》の末裔《まつえい》だった……。だが、もしこの仮説が正しければ、新たな謎《なぞ》が生まれる。なぜ『日本書紀』はその事実を抹殺してしまったのか。なぜ蘇我氏が新羅からやってきたと、糾弾しなかったのか……。

じつはここに、『日本書紀』のジレンマが隠されているのではあるまいか。蘇我氏の正体は、複雑怪奇な謎に満ちているからである。

すでに触れたように、縄文時代から続いた日本の神宝・ヒスイの製作を最後まで守り続けたのは蘇我氏であった。そのいっぽうで、蘇我氏は渡来系のテクノクラートを多用し、その先進の文明を積極的に導入することで力をつけた。

天日槍は新羅王子とされ、ところが『日本書紀』と『古事記』の記述をあわせると、天日槍は伽耶《かや》王子ツヌガアラシトとも同一だった。さらに、神話の世界のサルタヒコも、まさに天日槍と同じ属性をそなえ、両者は重なっていたのである。

ところが、『日本書紀』はサルタヒコを「国つ神《くにつかみ》」だという。これは、渡来系豪族と深い関わりを持ちながら、日本的なヒスイに固執した蘇我氏の姿を彷彿《ほうふつ》とさせるのである。

このように、蘇我氏の祖が新羅出身の天日槍としても、これで謎が解けたわけではないのである。

蘇我は、「日本」であって「日本」ではなく、「新羅」であって「新羅」ではない、そういう存在なのではあるまいか。そのような「なぞなぞ」のような問題に、どのような答えが残されているというのだろう。

ヒントはある。それが、奈良県橿原《かしはら》市小綱《しょうこ》町の入鹿《いるか》神社の祭神である。すでに触れたように、入鹿神社には蘇我入鹿のみならず、出雲神《いずもしん》スサノオも祀《まつ》られていたのである。

なぜ蘇我入鹿が出雲神スサノオと関わりを持っていたのだろう。スサノオを祀る出雲大社の真裏の摂社が「素鵞社《そがのやしろ》」と呼ばれていたのはなぜだろう。

蘇我と出雲を結びつけるヒントは、ヤマト建国の歴史の中に隠されていた。弥生《やよい》時代後期の山陰地方は、「鉄」の流通を支配することで、巨大な勢力に成長した。そして、吉備《きび》と出雲を中心に各地の首長層が、ヤマトという天然の要害に、新たな都をつくろうとあつまった。この障害として最後に残ったのが北部九州の邪馬台国であり、出雲勢力が中心となってトヨを北部九州に遣わし、邪馬台国の女王を殺したのである。

そしてこれに加勢して軍事の要《かなめ》となったのが武内宿禰《たけのうちのすくね》であり、これが天日槍であった。もっとも、「出雲に加勢した天日槍」と仮定しても、のちの世に「新羅系の蘇我」が「出雲」や「スサノオ」に強い親近感をいだいていた理由が、どうしても判《わか》らないのである。

スサノオと蘇我氏の奇妙な共通点

ここで奇妙なことに気づかされる。

それは、スサノオが神話の中で暴れ回り、天照大神《あまてらすおおみかみ》を困らせ、まるで「朝敵《ちょうてき》」であるかのような存在感を示していること。そして、スサノオは日本列島に現れる直前、じつは新羅に舞い降りていたのであり、そこから日本に来たこと。このため、「スサノオは渡来人？」とする説があとを絶たず、とするならば、「朝廷の敵」である者が、「新羅人かもしれない」のに、いっぽうで『日本書紀』は、その事実を曖昧《あいまい》な形でしか公表しなかったことになる。スサノオが乱暴者で、朝廷を悩ました「悪魔」的存在なのに、なぜ『日本書紀』は「あいつはよそ者だ」と、明確な形で糾弾しなかったのだろう。

そしてそれよりも問題なのは、このような出雲神スサノオの姿は、まさに「新羅からやってきたのにそうだと断定されなかった蘇我」とそっくりなことなのである。

これはいったい何を意味しているのだろう。

そこで話を進める前に、いちおう、本当にスサノオが新羅に舞い降りていたのかどうか、『日本書紀』の記述を確認しておこう。

『日本書紀』神代第八段一書第四には、次のようにある。

スサノオは高天原《たかまのはら》で乱暴をはたらいたので追放された。そこでスサノオは、子どもの五十猛神《いたけるのかみ》を率いて、新羅国の曾尸茂梨《そしもり》という場所に舞い降りた。

ただ、スサノオは、

「私はこの地には居たくない」

といって、埴土《はに》（赤土）で船を造って東に向かい、出雲の斐伊川《ひいがわ》の川上の鳥上峰《とりかみのたけ》（船通山）にいたったという。

このように、『日本書紀』の一書には、たしかにスサノオが、一度新羅に舞い降り、それから出雲にやってきたと記されている。

繰り返すが、スサノオが日本に舞い降りる以前新羅に舞い降りていたという話は、「日本列島を渡来人が席巻《せっけん》した」という発想をもつ人間にとっては、スサノオこそ新羅の人、という印象を持たせるに十分な記述なのである。

それにもかかわらず、『日本書紀』は、スサノオが新羅からやってきた帰化人だったとは明言していない。ここが、蘇我氏と共通する、奇妙な点なのである。

新羅王になった倭人《わじん》・脱解王《だつかいおう》の謎

この『日本書紀』の微妙な態度をどう理解すればいいのだろう。秘密を解く鍵《かぎ》は、ヤマト建国前後の新羅にあるかもしれない。

そこで、『三国史記《さんごくしき》』をひもとくと、実に興味深い人物に行き着く。それが、新羅王・脱解なのである。

『三国史記』の『新羅本紀《しらぎほんぎ》』には、脱解について次のように記してある。

脱解尼師今《にしきん》は新羅第四代の王に当たる。六十二歳で王位についた（西暦五七年）という。ちなみに尼師今とは、新羅では古くは「王」をさしていた。

脱解尼師今の姓は「昔《せき》」で、もともとは新羅の人ではなかった。

脱解尼師今の出生は、次のようなものであったという。すなわち、倭国の東北千里の多婆那国《たばなこく》（不明）の王が「女人国」（これも不明）の王女を娶《めと》って妻にすると、妊娠して七年後、大きな卵を生んだ。ところが王は、人が卵を生んだことを「不吉」として、卵を捨てるように命じたという。

そこで妻は、こっそり卵を絹で包み、宝物とともに箱に入れて海に流したのだった。箱ははじめ朝鮮半島の金官国《きんかんこく》に漂着したが、この土地の人びとは怪しみ、取りあげなかった。さらに箱は流れゆき、辰韓《しんかん》（のちの新羅）の浜辺に打ち寄せられた。

これは辰韓の始祖・赫居世《かくきょせい》の三十九年（西暦紀元前一九年）のことであった。流れ着いた箱をみつけたのは、老母だった。縄で引き寄せ箱を開けてみると、中に赤児《あかご》が入っていたので、育て上げた。成長すると背丈は九尺となり、風貌《ふうぼう》といい、知識といい、申し分のない男になった。

人びとは、

「この子の姓が分からない。だが、箱が流れ着いたとき、鵲《かささぎ》（朝鮮半島で信仰の対象になった鳥。『播磨国風土記《はりまのくにのふどき》』には、韓国鳥《からくにどり》とある）が鳴いて箱を追うように飛んできたので、鵲の字を省略し『昔』の字を姓とし、箱を抜け出したのだから名を『脱解』にすればいい」

といい、これが姓名になったという。

さて、この卵から産まれたどこの馬の骨とも分からぬ脱解が、なぜ新羅の王に君臨してしまうというのだろう。

脱解は魚取りを生業として母を養っていた。だが老いた母は、「お前は普通の人ではない。骨相が違うのだから、学問で身を立てなさい」と教え諭したので、脱解はこれに従い、学問に打ち込んだ。

地理にも精通した脱解は、瓠公《ここう》なる人物の住む場所の地の利を見抜き、詭計《きけい》を用いて土地を奪った。のちに脱解は、この瓠公を重臣に取り立てるのだが、瓠公も、じつはもとから新羅にいた人ではないと『新羅本紀』は伝えている。

脱解王ともうひとりの倭人瓠公の活躍

瓠公も重要な人物なので、この人物の朝鮮半島での活躍を見てみたい。

さて、新羅の始祖王・赫居世も、脱解同様卵から産まれているのだが、これは朝鮮半島に南方の卵生神話が伝わったからにほかならない。赫居世は、瓠（瓢簞《ひょうたん》）のような卵から産まれ、辰韓の人たちは「瓠」を「朴（バック）」というところから、赫居世の姓は「朴」になったという。

それはともかく、赫居世の三十八年（紀元前二〇年）春二月、瓠公を馬韓《ばかん》（のちの

百済《くだら》）に遣わし外交関係を結ぼうと試みた。ところが馬韓の王は、

「辰韓はそもそもわが属国であったのに、近ごろでは貢物をもってこない。礼を失しているのではないか」

となじったので瓠公は反論した。

「わが国は赫居世が国を建てて以来、人心は安定し、国は豊かになりました。倭を含め、周囲の国々は恐れ、慕わないものはいないのです。いっぽうでわが王は謙虚で、私を遣わして国交を樹立しようというのです。これほどの礼儀があるでしょうか。それにもかかわらず、あなた様ときたら、怒っていらっしゃる。兵をもって脅すことに、どのような意味があるというのでしょう」

馬韓の王はいよいよ怒り狂い、瓠公を殺そうとした。だが、左右の者たちが諫《いさ》めたために、瓠公は無事に帰ってきたという。

なぜ馬韓の王が不機嫌だったかというと、これにはちゃんとした背景があったのだと『新羅本紀』は伝えている。すなわち、この直前、秦《しん》の大乱に苦しんだ人びとが大量の流民《るみん》となって、東に向かって逃れた。そしてたどり着いたのが馬韓の東側、すなわち辰韓の地であり、土着の民と雑居していたのだ。そしてこの、急激な人口増加によって、辰韓の地はかつてない繁栄を誇っていたのだという。馬韓にすれば、これが

気に入らなかったわけである。

それはともかく、『新羅本紀』は、このあと、瓠公の正体を明かしている。それによれば、瓠公という人はもともとは倭人で、はじめ瓠を腰に着けて海を渡ってやってきた。だから瓠公とよんだ、というのである。

つまり、海の外からやってきた脱解は、倭人の瓠公とともに国を治めた、ということになる。

ここで話を脱解に戻そう。脱解はなぜ新羅の王になったのだろう。

さて、ややあって脱解の評判は南解王《なんかいおう》の耳に入り、王女を脱解に嫁がせ、さらに役人として抜擢《ばってき》した。

南解王の後を受けて王位についた子の儒理王《じゆりおう》は、父の「私の死後は、血統ではなく、長者や賢者をもって王位を継承するように」という遺言を実践すべく、王位を脱解に譲ったのだった。

脱解王の三年（西暦五九年）夏五月には、倭国と友好関係を樹立し、使者の交換を行っている。

脱解王九年（西暦六五年）春三月、城の西の林の中で鶏が鳴いているので脱解王は不審に思い、瓠公を遣わしてみた。すると金の小箱が木の枝にかかっていて、その下で白い鶏が鳴いていた。その話を聞いた脱解王は、箱をもってこさせてみると、小さく奇異な容貌の男子があらわれた。

脱解王はこの男子を天からの授かりものとして大事に育てた。聡明《そうめい》で知略に富んだ人物に成長した。名を閼智《あるち》といい、金の箱から生まれたために、姓を「金」とよんだという。韓国を代表する氏族で、こののちに王家となる金氏の誕生である。

このように、脱解王は辰韓の基礎を築いた人物と言えよう。

脱解王が亡《な》くなられたのは二十四年（西暦八〇年）のことだったという。

スサノオと脱解王のつながり

さて、これが『三国史記』に登場する脱解王の伝説である。それにしてもこの話、どこまで信頼できるのだろう。

『三国史記』の成立が十二世紀と、時代がかなり下るため、資料の信憑性《しんぴょう》が気になる。また、『三国史記』は新羅の王家に婿《むこ》養子を次々に入れることで二つの流れを「想定」している点、あまりに恣意《しい》的で信用できないとする説もある。

だが、朝鮮半島の新羅の国が成立する直前の混沌《こんとん》とした時代に、海の外から王がやってきたという話は、民族の屈辱であるかもしれず、それにもかかわらず十二世紀の歴史書が、その伝承を採用したところに、大きな意味が残されているように思う。

また、朝鮮半島南部は中国大陸や北方から、絶えず逃亡の民が流れ込む場所であり、国家形成が遅れた地域でもあった。それに、「鉄」の生産地があったから、ここに周辺から多くの人びとが押し寄せていた。この中に、倭人の姿もあったという記録があるから（のちに触れる）、混沌とした状況の中で、倭人の勢力がそれなりの地位にあって、影響力を及ぼしていた可能性は否定できないだろう。

このあたりの事情を理解するためにも、少しここで、朝鮮半島の歴史について、簡単に触れておこう。

古代の朝鮮半島の歴史は、中国の歴史と切っても切れない関係にあった。とくに朝鮮半島の北半分には、紀元前二二六年の燕《えん》の滅亡によって、大量の移民が流入した可能性が高く、その後も中国の混乱によって、この地域に住むようになっていった。『史記』によると紀元前二世紀には、匈奴《きょうど》の地に落ち延びた燕王の部下にあたる衛満《えいまん》が現在の平壌《ピョンヤン》のあたりに首都を置いて、衛氏《えいし》朝鮮を立ち上げている。もっとも、近年の韓国の史学界では、衛満はもともと朝鮮半島出身だったとする説が有力視されるようになっているが、本当のところはよく分からない。

この衛氏朝鮮も、三代で漢に滅ぼされ、楽浪郡《らくろう》が置かれ、朝鮮半島の北部は、漢の支配下におかれるようになった。

いずれにせよ、朝鮮半島北部が、中国の混乱や流民《るみん》、そして中国の直接支配、さらには北方騎馬民族の絶え間ない南下に苦しめられていたことだけはたしかである。

そして、このような荒波から少し外れたところで息をこらして存在していたのが、馬韓（のちの百済）・辰韓（のちの新羅）・弁韓《べんかん》（のちの伽耶）であった。

これら朝鮮半島南部の地域が国家としてまとまっていくのはヤマト朝廷建国よりもやや遅く、四世紀にいたってのことだった。しかも『三国史記』によれば、この前後、倭人はしきりに朝鮮半島南部に押し寄せていたと記録している。

とするならば、一世紀の段階で倭人が辰韓に乗り込んでいき、「王」となって君臨していたわけではないにしても、大きな力を持っていた可能性は捨てきれないのである。

そこで、脱解王の故郷である倭国の東北千里の多婆那国は、どこにあったのかが問題となってくる。

残念なことに、正確には分かっていない。ただ、倭国を当時の最先端地域、北部九州と仮定すれば、その東北千里（四〇〇キロメートル強？）のあたりに、「多婆那」

らしき国があったではないか、という指摘がある。つまり、「多婆那」は「丹波《たんば》」に通じるのである。

とするならば、脱解王は倭人であり、しかも、脱解王の伝説が日本でも語り継がれ、これをモデルに「スサノオ」の神話が生まれたのではあるまいか。

「スサノオ＝脱解王」の蓋然《がいぜん》性を高める要因は、いくつかある。

まず第一に、脱解王が「鍛冶《かじ》」を得意としていたと記録されていることだ。

この時代、倭人が朝鮮半島の辰韓や弁韓の鉄を目指したことは、中国側の史料にも記されている。

このあたりの事情を、『三国志』魏志東夷伝《とういでん》には、次のようにある。

国は鉄を出す。韓《かん》、濊《わい》、倭《わ》、皆従《みなしたがい》て之《これ》を取《と》る。諸市《いち》買うに皆《みな》鉄を用う。又、以《もつ》て二郡に供給す。

また、『後漢書』東夷伝にも、同じような記事が載っている。

国は鉄を出す。濊、倭、馬韓《ばかん》、並び従《したがい》て之《これ》を市《いち》す。凡《およ》そ諸貿易、皆《みな》鉄を以て貨と為《な》す。

これらの記事から、朝鮮半島南部の鉄の産地に、周辺の国々が注目し、押しかけていたことが分かる。そして彼らは鉄を取り、また利器として使い、さらには、交易品としたり貨幣としても利用していたのである。

したがって弥生時代、丹波のあたりから、さかんに朝鮮半島南部に向けて鉄を採りに出かけていった人はいるだろうし、その中のひとりが脱解王であったとしても、なんの不思議もない。

たとえば、これから時代を下っても日本側の人間が、朝鮮半島に渡って王になろうとしたという説話が実在する。

それが『日本書紀』顕宗《けんそう》三年の紀生磐宿禰《きのおいわのすくね》の記事で、そこには、紀生磐宿禰が任那《みまな》を越えて高麗《こま》（高句麗《こうくり》）と交通したとあり、そして、

西《にしのかた》に、三韓《みつのからくに》に王《きみ》たらむとして、官府《みやつかさ》を整《ととの》へ脩《をさ》めて、自《みづか》ら神聖《かみ》と称《なの》る。

と記されている。つまり、三韓の王になろうとして、宮を整え、「神聖」と名乗っ

た、というのである。
この一節について森浩一《こういち》氏は、『韓国の古代遺跡　2　百済・伽耶篇』（森浩一監修　東潮・田中俊明編著　中央公論新社）の中で、次のように述べている。

この史料がどの程度の史実を述べているかはともかくとして、私が和歌山市で岩橋《いわせ》千塚《せんづか》古墳群を調査したり、ひきつづいて井辺《いんべ》八幡山古墳を発掘したころから、この史料に強くひかれるようになった。それは、たんに史料上の問題ではなく、紀《き》ノ川《かわ》下流地域に強烈にあらわれている朝鮮半島系の考古学資料、とくに横穴式石室《よこあなしきせきしつ》のひじょうに早い普及、住居でのカマドの早い時期での採用、さらに多種類の朝鮮半島と関係の強い遺物などにふれるにつけ、その史料があながち荒唐無稽《こうとうむけい》に思えなくなったのである。

ちなみに、紀氏と言えば、武内宿禰の末裔《まつえい》氏族のひとつなのだが、彼らが天日槍の末裔であり、また「脱解王の末裔」であればこそ、朝鮮半島と深いつながりを持ち、こういう伝承が生まれたのだろうし、朝鮮半島から、紀ノ川流域に、多くの文物が流れ込んだと考えられるのである。

脱解王とそっくりな浦島太郎

ここで注目してみたいのは、「日本側」の伝説である。というのも、まるで脱解王の命運を語り継いだかのような伝承が、まさに「丹波」に残されているからだ。もちろん、誰もが知る、浦島太郎伝説である。

浦島太郎はたんなる「昔話」などではない。『日本書紀』、『風土記』、『万葉集』という古代の一級の歴史書がことごとく述べ立てていたし、『日本書紀』にいたっては、別巻を用意して特別に語っていた（現存せず）というほどの念の入れようだったのである。

なぜ誰もが浦島について、黙っていられなかったのか。それは、この物語を反芻《はんすう》すればするほど、その姿が脱解王の姿に似てきて、また、浦島太郎本人が、武内宿禰の人脈と重なってくるところにヒントが隠されているのではあるまいか。

では、浦島太郎の話とはどのようなものだったのだろう。『丹後《たんご》国風土記』逸文《いつぶん》の内容を整理してみよう。

まず時代背景は、五世紀の雄略天皇の頃のことだったとしている。丹後の与謝《よさ》郡の日置《ひおき》の郷《さと》に筒川《つつかわ》の浦嶋子《うらしまのこ》という者がいた。あるとき浦嶋子はひとりで小舟に乗り、海で釣りをしていたら、五色の亀《かめ》を捕まえた。この亀は女人に化け（亀比売《ひめ》）、海中の蓬萊山《ほうらいさん》に誘《いざな》ったのだった。

浦嶋子は夢のような三年を過ごしたが、やがて故郷に帰りたくなった。亀比売は悲しんだがこれを許し、浦嶋子に玉匣《たまくしげ》（いわゆる玉手箱《たまてばこ》）を手渡し、

「もし私を忘れずにふたたびもどってこられるならば、けっしてこの蓋《ふた》を開けてはいけません」

と、きつく言い含めた。

浦嶋子は元の浜にもどってきたが、人や風物は変わっていた。聞けば、浦嶋子は三百年も前に海に出たままかえってこないという。

呆然《ほうぜん》として彷徨《ほうこう》すること十日。浦嶋子は約束を忘れ、おもわず玉匣を開けてしまった。すると風雲と共に若々しかった浦嶋子の姿は空の彼方《かなた》に消え去り、ひとりの老人が残されたというのである。

浦島太郎伝説を無視できないのは、天孫降臨《てんそんこうりん》ののち、海幸山幸《うみさちやまさち》神話にも、同様の話が載っていて、ここでは、武内宿禰と同一と目される塩土老翁《しおつつのおじ》（住吉大神《すみよしのおおかみ》）が大活躍をしている。武内宿禰と浦島伝説は、まったく無縁というわけにはいかないのである。

浦島太郎、新羅王、スサノオの類似関係

	脱解王	スサノオ	浦島太郎
出身	倭国の東北千里の「多婆那国《たばなこく》」	神話の世界	丹後の国墨江
行動	鍛冶を得意とする ↓ 鉄を求めて渡航？	新羅に舞い降りる ↓ 砂鉄を取る男「渚沙《すさ》の男」と呼ばれる	丹後から海へ向かう ↓ 朝鮮半島？

↓

末裔が『天日槍《あめのひぼこ》』として日本に舞い戻る

↓

『武内宿禰』として縦横無尽の活躍

↑

藤原氏の反発、募る危機感
日本史から抹殺せよ！

また、浦嶋子が「丹波」から海に向かっていたことも、理由のないことではなかっただろう。脱解王が日本海側の「多婆那」から新羅に向かった姿を彷彿《ほうふつ》とさせるのである。

とどのつまり、武内宿禰＝天日槍とは、脱解王の末裔だったのではあるまいか。

浦島太郎が間抜けだったのは日本にもどってきたから？

浦島伝承のふるさと、丹後半島の付け根にある籠神社《このじんじゃ》は、伊勢《いせ》神宮の豊受大神《とようけのおおかみ》を祀《まつ》ることで知られる。

その豊受大神がこの地に現れたとき、籠《かご》の中に入り光り輝いていたという。「籠」は「亀甲紋《きっこうもん》」であり、亀を暗示し、豊受大神の出現にも、浦島伝説の名残を感じる。豊受大神と浦島伝説がつながっているのは、豊受大神が邪馬台国の「トヨ」であり、かたや浦島太郎が武内宿禰といくつもの接点を持っていたことと無縁ではあるまい。『日本書紀』に記された海幸山幸神話では、塩土老翁は山幸彦を「無目籠《まなしかたま》」に乗せて海神《わたつみ》の宮に運んでいる。これは、目のないほど固く編んだ籠の意味であり、ここでも「亀甲紋」が登場し、しかも、「亀甲紋」に乗って海神の宮に連れて行かれたという話は、まさに浦島太郎そのものである。

　皇祖神の神話に浦島太郎とそっくりな話が出てくるのは、「天皇家」が「浦島の呪縛《じゅばく》」を受けているからであろう。ここにいう「浦島の呪縛」とはようするに、脱解王の末裔が武内宿禰（天日槍）であり、だからこそ、武内宿禰は「父の国」「祖国」に帰ったあと、縦横無尽の活躍をし王位をうかがうも、周囲は「日本人（倭人）ではない」と拒否した……そういう推理が成り立つわけである。

　また、のちにその御子たちが天孫降臨した（つまり南部九州に落ち延びたのだが）のちの日向《ひむか》の地で、浦島太郎の神話は再現されたのである。

『万葉集』にも浦島太郎説話があるが、話の締めくくりには、

「常世《とこよ》に住めばよかったのに、みずから進んでもどってきたとは、なんとこの男は間抜けなのだ」

　と結んでいるのである。

　これなどは、教訓めいた昔話などではなく、丹波から朝鮮半島に旅立った脱解王と、その末裔の武内宿禰（天日槍）が日本に舞い戻ってきたという一連の歴史を「浦島太郎」というひとりの人物に仮託して述べていると考えれば、言葉の意味が、すんなり理解できるのである。

また、『万葉集』が浦島の故郷を「墨江《すみのえ》」（大阪の住吉《すみよし》）、としているところにも、深い意味が隠されている。墨江の浦嶋子は、住吉大神＝塩土老翁の姿を彷彿とさせるからだ。

ようするに、墨江にもどって老人になった浦島太郎は、同じく「老」のイメージを持つ住吉大神（塩土老翁）と同一、ということであろう。塩土老翁と武内宿禰も同一なのだから、浦島太郎は、武内宿禰でもある。

ところで、第十一代垂仁《すいにん》天皇の九十年二月、田道間守《たぢまもり》という人物が天皇の命令で常世国《とこよのくに》（蓬莱山と同じ神仙境）に遣わされ、非時《ときじく》の香菓《かくのこのみ》（橘《たちばな》）を求めさせた、という記事がある。これも一種の浦島伝説だろう。

十年後、田道間守は無事に帰ってくるが、「聖帝」がすでに亡《な》くなられていた。そこで田道間守は嘆き悲しみ、天皇の陵に赴き、殉死《じゅんし》したのだという。これもどこか、浦島太郎伝説を匂《にお》わす内容である。

問題なのは、この田道間守なる人物が天日槍の末裔にそっくりだからである。

『日本書紀』によれば、来日後天日槍は「但馬国《たじま》」に落ち着いたといい、また、『古事記』は、天日槍の末裔に、多遅摩毛理《たぢまもり》なる人物をあげている。一般に多遅摩毛理と田道間守をつなげようとしないのは、垂仁天皇の時代に来日したはずの天日槍の何代もあとの多遅摩毛理が、垂仁天皇の崩御の直後に亡くなった田道間守とは重なるはずがない、という根拠があるからだろう。

しかし、田道間守は三宅連《みやけのむらじ》の始祖だと、この記事の最後に『日本書紀』は付け足している。その三宅連を『新撰姓氏録《しんせんしょうじろく》』は天日槍の末裔としているのだから、田道間守は時代があべこべでも、天日槍の縁者であろう。とんちんかんな時間設定をしたのは『日本書紀』である。

その証拠に、田道間守の話は、ツヌガアラシト（天日槍）の来日説話にそっくりである。ツヌガアラシトは日本に「聖皇《ひじりのきみ》（崇神天皇）」がいると聞きつけ日本を目指したが、残念なことに、「聖皇」はすでに亡くなられていたというのだ。

脱解王と天日槍（武内宿禰）をつなぐ「鉄・鍛冶《かじ》」

多婆那国から新羅に流れ着いた脱解王と天日槍や武内宿禰を結びつけるもうひとつの要素は、「鉄・鍛冶」である。

『三国史記』には、脱解王が「鍛冶」であったと明記され、じっさいに新羅や伽耶は「鉄」の国で、周辺からさかんに鉄を採りに人びとが集まっていた。

吉野裕氏は、『出雲国風土記』の飯石郡須佐郷の中のスサノオの鎮魂説話について、スサノオを、海や川の洲《す》に堆積《たいせき》した砂鉄を取る男「渚沙（すさ）の男」の意味だとしている（『東洋文庫　145　風土記』平凡社）。なるほど、スサノオはこう考えると鉄の男である。

これに対し、天日槍や武内宿禰らも、「鉄」とは強くつながっている。たとえば天日槍は『播磨国風土記』で播磨の土地を奪おうと暴れ回ったと記録されているが、播磨は日本でも有数の砂鉄の産地だった。

いっぽう武内宿禰の末裔は「蘇我氏」で、「ソガ」は「スガ」が音韻変化したものとしておいたが、その「スガ」は、「湿地帯」を意味している。じつは、この「湿地帯」が鉄と関係してくる。

これは余談ながら、古い地名から、その土地のかつての姿を連想できるという話があって、「スガ」という地名の重要な意味を知る手がかりとなる。

たとえば「梅田」という地名は、「埋めた」がなまったから地盤が緩いという説まであって、興味が尽きないが、菅生《すがお》など「スガ」のつく地名は、圧倒的に低湿地帯の名残を示しているようである。

そう言えば、近年の発掘調査によって飛鳥が「水の都」であったことが分かってきたが、飛鳥の藤原京《ふじわらきょう》は、水はけが悪く往生したらしい。これも、「ア＋スカ」なのだから、「スガ」＝湿地帯説は、かなり信憑性《しんぴょう》が高いと言わざるを得ない。

そうなってくると、スサノオが出雲の最初の宮を「スガ」に定めたのは、神話のいうように「すがすがしかった」からではなく、湿地帯を求めていたからでないかと思いいたる。くり返すが、「スガ」は「湿地帯」を象徴しているが、いっぽうで、「鉄」とも強いつながりがあるからだ。

古代製鉄の原料というと、つい砂鉄を連想しがちだが、湿地帯では、砂鉄だけではなく、褐鉄鉱《かってっこう》が採れた。

湿地帯にはえる水草（葦《あし》や薦《こも》、茅《かや》など）の根っこには、水酸化鉄が鉄バクテリアの増殖によって固まって貼《は》りつき、これを現代では褐鉄鉱と呼んでいるが、その昔は「スズ」と呼び習わした。これを集めて踏鞴《たたら》製鉄に用いた。すなわち、古代における「湿地帯＝スガ」は、宝の山だったわけである。したがって、蘇我（スガ）氏も鉄の民ということになる。

このように、スサノオも「スガ＝ソガ」も、鉄とは切っても切れない縁で結ばれていたのである。神功皇后や応神《おうじん》と関わりの深い「宇佐《うさ》」も、鉄とは無縁ではない。

先述した『宇佐八幡託宣集《うさはちまんたくせんしゅう》』の中には、宇佐神宮の神（八幡神）ははじめ「鍛冶の翁《おきな》」であったといい、ふたたび現れたときは、「三歳の小児」であったとある。

また脱解王も鍛冶を自称していたが、多婆那国の王妃が生んだ卵が箱に入れられ新羅に流れ着いたという出生の様子が、宇佐とよく似ている。

大和岩雄《おおわいわお》氏は、『日本にあった朝鮮王国』（白水社）の中で、

脱解が入っていた箱は空船《うつぼ》であり、この漂着伝承は、大隅正八幡宮縁起《おおすみしょうはちまんぐう》の八幡神漂着神話と同じである。

と指摘し、脱解王と八幡神の共通項に注目している。

まさにその通りなのだが、大和氏は八幡神や宇佐の周辺が「新羅系渡来人やその信仰対象だった」とするのみで、脱解王と八幡神の強い因果を強調しているわけではない。

だが、脱解王と宇佐の神の関係は非常に近い。たとえば脱解王が空船に乗っていたように、八幡神＝応神天皇も、ヤマトに向かうに際し「空船（喪船《もふね》）」（『古事記』）に乗って「一度死に」、そして「再生」している。

我れ蘇《よみがえ》れり！　と宣言した蘇我氏の正体

これまで、蘇我氏の正体がはっきりしてこなかったのは、蘇我氏こそが、ヤマト朝廷黎明《れいめい》期のヤマトの王家を構成した一族だったからであろう。そのことを、『日本書紀』はどのような手段を駆使してでも抹殺しなければならなかった。なぜなら、『日本書紀』編纂《へんさん》の中心にいた藤原不比等《ふじわらのふひと》の父中臣鎌足《なかとみのかまたり》は罪もない蘇我入鹿を殺し、さらに同様に、蘇我倉山田石川麻呂《そがのくらやまだいしかわのまろ》を殺していたからだ。

それだけならまだしも、蘇我殺しの正当性を証明するために、「悪党・蘇我」という図式を構築した。その上で、『日本書紀』の中で、蘇我氏の系譜を曖昧《あいまい》にし、抹殺してしまった。だが、じっさいのところ、『日本書紀』の記述とは裏腹に、藤原氏は蘇我氏にしでかした仕打ちの裏返しとして、蘇我氏の祟《たた》りを恐れたのである。

それはそうであろう。蘇我倉山田石川麻呂を政敵で邪魔という理由だけで、一族滅亡に追い込み、さらには、蘇我倉山田石川麻呂の遺骸《いがい》をバラバラにし、首を塩漬けにして、娘の眼前に見せびらかすという、非情な行動に走ったのである。蘇我の祟りを恐れなければ、それこそ人間ではない。

いっぽうの蘇我氏の祖が武内宿禰であり天日槍であることを、彼らは明かすことはできなかった。そして、蘇我氏があたかも渡来人であるかのように装《よそお》い、同時にそうだと断定できなかった。それは、新羅に舞い降りたといいながら、日本の神になったというスサノオの境遇にそっくりだった。その理由は、蘇我氏の祖が新羅に渡った倭人（あえて日本人としておく）、脱解王の末裔《まつえい》だったからではなかったか。

蘇我氏は一度ヤマト建国ののち没落していたようである。そして、六世紀から七世紀にかけて、不死鳥のように蘇っている。このとき、曾我《そが》や宗我《そが》であった名前を「我蘇れり」の「蘇我」の二文字に変えたのは、彼らがいったんは新羅に住み、そののち日本列島にもどってきてヤマト建国に貢献したという故事と、また、六世紀にかつての栄光の日々を取り戻すかのように、政界に返り咲いたからではなかったか。

このように、古代史の裏側の多くの謎《なぞ》をつきつめていくと、蘇我と武内宿禰、天日槍、スサノオ、そして脱解王の姿が、重なってきてしまうのである。

そして蘇我氏の祖・武内宿禰は、「鉄器と鉄の流通」を山陰地方にもたらし、ヤマト建国の気運を一気に高めた功労者だったに違いない。また北部九州にトヨ（神功皇后）とともに攻め入り、邪馬台国のヒミコを圧倒したのだろう。

その後武内宿禰は北部九州で王として君臨するも、ヤマトが「外国人を王にすることはできない」と主張したために排斥されたのだろう。これは、一度握った主導権を手放したくないというヤマト側の焦《あせ》りでもあった。結果、武内宿禰は祖国に疎《うと》まれ、殺されかかってしまったのである。

ところが、トヨは武内宿禰をかばい、そして結ばれる。

二人の間に生まれた御子がのちにヤマトの初代の王に立つのは、トヨ（神功皇后）と武内宿禰がヤマトを恨んで死んで、恐ろしい祟り神になったからだろう。

蘇我氏の祖は祟るからこそ、「神」と崇《あが》められ、また「鬼」と恐れられたわけだ。そしてこのような「蘇我」の属性が天皇家のそれと似ているのは、「蘇我」こそが、日本の王家の根っこの根っこに位置していたからである。

すなわち蘇我氏は、このように、正統なる一族であった。ここにいう「正統」とは、ようするに「蘇我」が天皇家そのもの、という意味である。

繰り返すが、だからこそ、蘇我氏の祖の正体を、『日本書紀』は何がなんでも隠匿《いんとく》しようと計ったのに違いないのである。

おわりに

毎日テレビのニュースを見て、毎朝新聞を読んでいれば、今この時、世の中で何が起きているのか、なんとなく分かったような気分になれる。

訳知り顔の評論家のコメントを聞いていれば、それで世の中の仕組みが分かったように思えてくる。

しかしじっさいには、われわれは、何も分かっていないのだ。なぜ政府が理解に苦しむ判断を下したのか、裏の裏で何が起きているのか、本当のところは、ほとんどが闇《やみ》の中である。

じつを言うと、われわれが新聞を読んでいるのは、「世の中で何が起きているのか、その深層を知ることができる」からではない。本当は、「世の中で起きていることの表層を、人びとはどのように認識しているのか」それを知るためでしかないのだ。

では、われわれは「真実や深層」をどうやって知ればいいのだろう。

ここに「歴史」を学ぶことの意味がある。

たとえば、明治維新で徳川幕府は瓦解《がかい》した。そしてこの百四十年余、倒幕は革命的な行為と絶賛されてきたのである。もちろんそれは、勝者が明治維新を称賛し、彼らの作り上げた体制が今日にまで続いているからこそ、倒幕軍の正当性は保障されているわけである。

たしかに、旧態依然とした幕藩体制をあのまま続けるわけにはいかなかった。しかし、もし勝海舟や徳川慶喜《よしのぶ》という「名プロデューサー」が、史上稀《まれ》に見る潔《いさぎよ》い負けっぷりを演出しなければ、日本は西欧列強の植民地になっていたであろう。これまでほとんど指摘されてこなかった歴史観だが、大切な事実である。

さらに言うならば、一度白旗を挙げた徳川幕府にさらに切先を突きつけた「官軍」の横暴を糾弾する作業も、「歴史」に課せられた宿題である。

このように、われわれは「あのとき何が起きていたのか」という形でしか「社会の現実」を知ることはできないのだ。だからこそ、歴史を知る努力を怠ってはならないのである。

古代史も同様だろう。蘇我氏のように、歴史の勝者に手柄を横取りされてしまい滅びていった者たちは、無数に存在するはずだ。彼らの無念の思いを発掘することこそが、今を生きる者に与えられたひとつの使命なのである。

なお、今回の文庫化にあたっては、新潮社常務取締役松田宏氏、新潮文庫編集部の内田諭氏、(株)アイブックコミュニケーションズ代表取締役・的場康樹氏、歴史作家の梅澤恵美子氏にお世話になりました。あらためてお礼申し上げます。

合掌

文庫版あとがき

版築《はんちく》という土木工法がある。すでに、古墳時代には日本でも普通に使われていた技術だ。人海戦術で、土を突き固め、さらに土を幾度も重ね層を造っていく。原始的に見えるが、想像以上に強固な土塁《どるい》や、築地塀《ついじべい》が出来上がる。現代科学の粋を集めたコンクリートよりも、耐用年数は上まわるとされている。その証拠に、各地に残された前方後円墳の封土《ほうど》は、ほとんど原形を留めたまま、今に残されている。

なぜ版築の話をしたのかというと、蘇我馬子《そがのうまこ》の墓とされる飛鳥《あすか》の石舞台《いしぶたい》が丸裸なのは、「自然に流れ去ったからではない」ことを言いたいためだ。くどいようだが、古墳や墳丘墓《ふんきゅうぼ》は、よほどのことがない限り崩れないのである。

では誰が、石舞台の封土を削り取ってしまったのだろう。それはおそらく、蘇我氏の政敵の仕業にちがいない。

政敵の墓を暴《あば》くという行為は、実際に『日本書紀』の中に例がある。だとすれば、封土のない石舞台は、歴史の勝者によって人為的に破壊された可能性が高く、悲劇的な蘇我氏の墓標に見えてくるのであり、むき出しになった石室はまるで、「晒《さら》し者」

のようだ。

それにしても、なぜ蘇我氏は、後の政権に嫌われ、罵《のの》しられる命運を担《にな》ったのだろう。それは、『日本書紀』が言うように、彼らが専横をくり広げ、憎むべき大悪人だったからなのだろうか。けれどもすでに述べてきたように、蘇我氏こそ改革派だったのならば、これほどの仕打ちを受ける必然性が見出せない。ここに、さらに深い、蘇我氏の秘密が隠されていたのではないかと思えてならないのである。

そして唐突ながら、その理由は、蘇我氏が「東」と強くつながっていたからではないかと、筆者は勘ぐっている。

五世紀から六世紀にかけて、「東」は急速に力をつけ、ヤマトを揺り動かす大勢力に成長したのだ。蘇我氏は、「東」という新興勢力のパワーを得て、権力基盤を築いたのではあるまいか。

蘇我と「東」の接点は、いくつもあげることができる。

乙巳《いつし》の変の直前、緊迫する空気の中、蘇我氏は側近の東漢氏《やまとのあやし》だけではなく、東国の屈強の兵士を身辺に配置している。「東」の人びとを信頼していた証《あかし》である。また、蘇我入鹿《いるか》の父は蝦夷《えみし》で、蘇我日向《ひむか》の別名は武蔵《むさし》だ。「蝦夷」も「武蔵」も、「東」を意識した名である。

飛鳥に都が置かれた時代、東国の蝦夷は飛鳥に招かれ、蘇我氏の拠点・甘樫丘《あまかしのおか》の東側の槻《つき》の木の下で、饗応を受けている。これほど蝦夷と朝廷が緊密に交流した時代は他に例をみない。やはり蘇我氏と「東」は、強くつながっている。

壬申《じんしん》の乱（六七二）に際し、大海人皇子《おおあまのみこ》（のちの天武天皇《てんむ》）を陰から支えたのは蘇我氏だが、大海人皇子が東国の軍団を率いて近江《おうみ》の大友皇子《おおとものみこ》を圧倒できたのも、蘇我氏と東国との深い縁ゆえだろう。乱を制した天武天皇は、都を近江から蘇我の地盤・飛鳥に戻し、さらに信州の地（長野県松本市）に副都を建設しようと目論《もくろ》んだ。親蘇我政権は、親東国政権でもあったのだ。

蘇我氏が頭角を現したのは、六世紀初頭の継体《けいたい》天皇の出現ののちのことだ。継体天皇は越《こし》（北陸地方）からやってきた大王であり、その越と強くつながる阿倍《あべ》氏が、やはり六世紀に忽然《こつぜん》と中央政界に登場した事実を、軽視することはできない。継体天皇は、史上初めて「東」からやってきた大王であり、ほぼ同時に蘇我氏が頭角を現したのは、偶然ではあるまい。

『国造本紀《こくぞうほんぎ》』によれば、北陸地方に多くの蘇我系国　造《くにのみやつこ》が任命されていたという。蘇我氏はヒスイにこだわった氏族として知られるが、ヒスイは越の特産品であり、縄文人の珍重した宝石だ。やはり蘇我と越（東）は、目に見えぬ糸でつながっている。

一方蘇我氏を打倒した八世紀の藤原政権は、なぜか「東」を極端に恐れた。都周辺で不穏な空気が流れると、必ず東国に通じる三つの関を固く閉じた（三関固守《さんげんこしゅ》）。天皇家の故地・越に抜ける道も閉ざしてしまうほどの、異常な行動である。

さらに、『日本書紀』は「東」を、まつろわぬ野蛮人の住む場所と決めつけている。この東国に対する「敵視」「蔑視《べつし》」は、憎悪《ぞうお》と偏見に満ちている。それはなぜかと言えば、蘇我氏の残像を、「東」にみていたからではあるまいか。

ではなぜ、蘇我氏と「東」はつながっていたのだろう。

『日本書紀』や『古事記』、『風土記《ふどき》』には、敗れ去った出雲神《いずもしん》たちが東国に逃れていったと記録されている。考古学的にも、ヤマト建国後の「東」に出雲的な文化が流入していることが確かめられているし、武蔵国造は出雲国造家《こくそうけ》の流れをくんでいる。七世紀の蘇我氏が画策した行政改革も、じっさいのところ、既得権益に捕らわれない東国豪族のパワーを活用することによって、推進されていたと私はにらんでいる。

蘇我氏の祖・武内宿禰《たけのうちのすくね》（天日槍《あめのひぼこ》）は、朝鮮半島から祖国に戻ってきたのに「外国人」とみなされ、政権から追い出された。その後、末裔《まつえい》のだれかが、新天地東国に向い、繁栄を勝ち取ったのだろう。そして六世紀、勇躍ヤマトに乗り込んでみたものの、「ヤツらは蝦夷」と蔑《さげす》まれ、結局ヤマトから追い出されたのではなかったか。

飛鳥の石舞台の封土がきれいに削り取られてしまった理由も、このような「よそ者の蘇我氏」「蝦夷としての蘇我氏」に対する差別感が、どこかに潜んでいたように思えてならないのである。

これはあまり知られていないが、入鹿の首塚だけではなく、石舞台の石室の裏側にも、欠かさず野の花が供えつづけられている。蘇我氏の栄光と悲劇を思うとき、このことだけが、唯一《ゆいいつ》の救いなのである。

二〇〇九年三月

関　裕二

蘇我氏系図

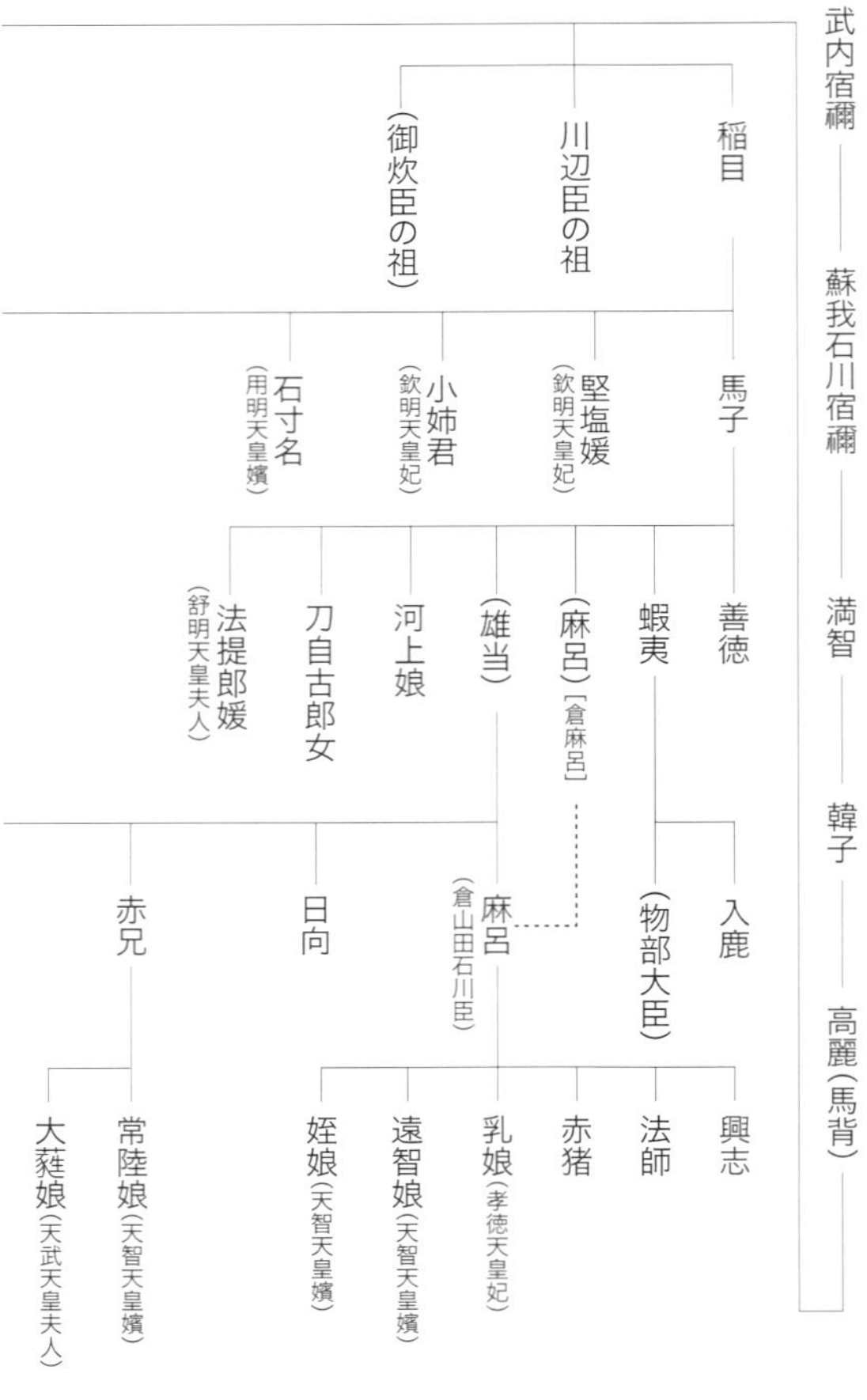
武内宿禰
蘇我石川宿禰
満智
韓子
高麗(馬背)
稲目
川辺臣の祖
(御炊臣の祖)
馬子
堅塩媛(欽明天皇妃)
小姉君(欽明天皇妃)
石寸名(用明天皇嬪)
善徳
蝦夷
(麻呂)[倉麻呂]
(雄当)
河上娘
刀自古郎女
法提郎媛(舒明天皇夫人)
入鹿
(物部大臣)
麻呂(倉山田石川臣)
日向
赤兄
興志
法師
赤猪
乳娘(孝徳天皇妃)
遠智娘(天智天皇嬪)
姪娘(天智天皇嬪)
常陸娘(天智天皇嬪)
大蕤娘(天武天皇夫人)

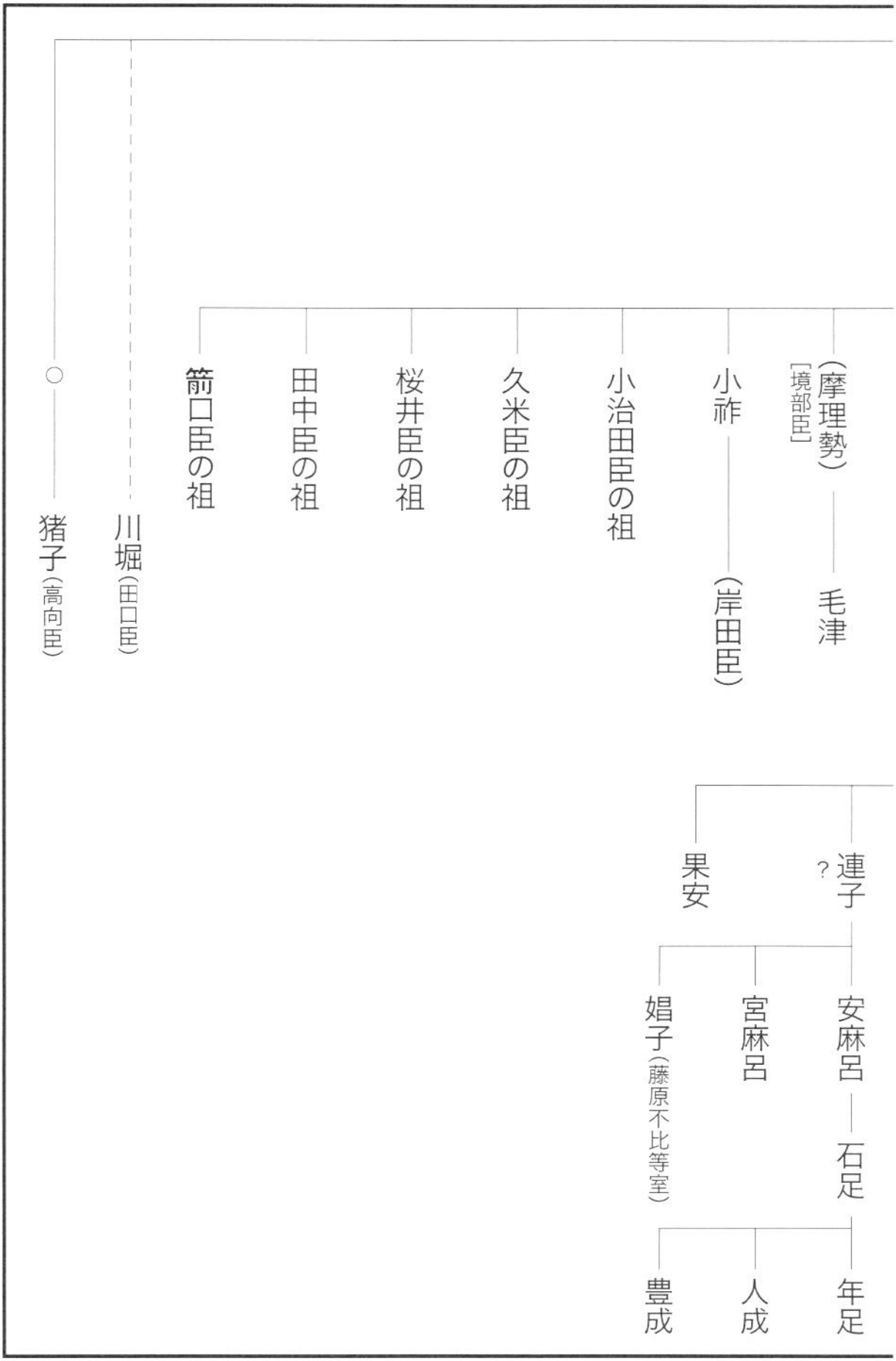

（摩理勢）
［境部臣］
毛津
小祚
（岸田臣）
小治田臣の祖
久米臣の祖
桜井臣の祖
田中臣の祖
箭口臣の祖
川堀（田口臣）
○
猪子（高向臣）
？連子
果安
安麻呂
石足
宮麻呂
娼子（藤原不比等室）
年足
人成
豊成

主要参考文献一覧

『古事記・祝詞』　日本古典文学大系　（岩波書店）
『日本書紀』　日本古典文学大系　（岩波書店）
『風土記』　日本古典文学大系　（岩波書店）
『萬葉集』　日本古典文学大系　（岩波書店）
『続日本紀』　新日本古典文学大系　（岩波書店）
『魏志倭人伝』　石原道博編訳　（岩波書店）
『旧唐書倭国日本伝』　石原道博編訳　（岩波書店）
『三国史記倭人伝』　佐伯有清編訳　（岩波書店）
『先代舊事本紀訓註』　大野七三編　（新人物往来社）
『日本の神々』　谷川健一編　（白水社）
『神道大系　神社編』　（神道大系編纂会）
『古語拾遺』　斎部広成著　西宮一民編　（岩波文庫）
『藤氏家伝　注釈と研究』　沖森卓也　佐藤信　矢嶋泉　（吉川弘文館）
『日本書紀　1　2　3』　新編日本古典文学全集　（小学館）
『古事記』　新編日本古典文学全集　（小学館）
『大王から天皇へ　日本の歴史　03』　熊谷公男　（講談社）

『蘇我蝦夷・入鹿』 門脇禎二 （吉川弘文館）
『藤原鎌足』 田村圓澄 （塙新書）
『大化改新』 遠山美都男 （中公新書）
『消された政治家 菅原道真』 平田耿二 （文春新書）
『新版 飛鳥 その古代史と風土』 門脇禎二 （ＮＨＫブックス）
『日本古代氏族伝承の研究』 日野昭 （永田文昌堂）
『元興寺の歴史』 岩城隆利 （吉川弘文館）
『原色日本の美術 2 法隆寺』 （小学館）
『隠された十字架』 梅原猛 （新潮社）
『聖徳太子の真実』 大山誠一 （平凡社）
『塔』 梅原猛 （集英社）
『新邪馬台国論』 大和岩雄 （大和書房）
『出雲の古代史』 門脇禎二 （ＮＨＫブックス）
『青銅の神の足跡』 谷川健一 （集英社）
『京の社』 岡田精司 （塙書房）
『韓国の古代遺跡 2 百済・伽耶篇』 森浩一監修 東潮・田中俊明編著 （中央公論社）
『東洋文庫 145 風土記』 吉野裕訳 （平凡社）
『日本にあった朝鮮王国』 大和岩雄 （白水社）

『日本の女帝』 梅澤恵美子 （ＫＫベストセラーズ）
『古代海部氏の系図』 金久与市 （学生社）

この作品は平成十六年十一月東京書籍より刊行され、
文庫化にあたり加筆修正したものである。

関 裕二著

藤原氏の正体

藤原氏とは一体何者なのか。学会にタブー視され、正史の闇に隠され続けた古代史最大の謎に気鋭の歴史作家が迫る。

関 裕二著

物部氏の正体

大豪族はなぜ抹殺されたのか。ヤマト、出雲、そして吉備へ。意外な日本の正体が解き明かされる。正史を揺さぶる三部作完結篇。

関 裕二著

古事記の禁忌《タブー》
天皇の正体

古事記の謎を解き明かす旅は、秦氏の存在、播磨の地へと連なり、やがて最大のタブー「天皇の正体」へたどり着く。渾身の書下ろし。

関 裕二著

消えた海洋王国
吉備物部一族の正体
―古代史謎解き紀行―

歴史の闇に葬られた、ヤマト建国の主役・古代吉備王国。その正体は、物部氏だった！古代史の常識を覆す、スリリングな知的紀行。

関 裕二著

「始まりの国」淡路と
「陰の王国」大阪
―古代史謎解き紀行―

淡路島が国産みの最初の地となったのはなぜ？ ヤマト政権に代わる河内政権は本当にあったのか？ 古代史の常識に挑む歴史紀行。

関 裕二著

「大乱の都」京都争奪
―古代史謎解き紀行―

「日本と日本の王の形」を決めた平安京遷都には、ヤマト建国から続く因縁と恩讐の歴史が。古代史の常識に挑む紀行シリーズ、完結。

新潮文庫最新刊

原田マハ著
常設展示室
―Permanent Collection―

ピカソ、フェルメール、ラファエロ、ゴッホ、マティス、東山魁夷。実在する6枚の名画が人々を優しく照らす瞬間を描いた傑作短編集。

久間十義著
限界病院

過疎地域での公立病院の経営破綻の危機。市長と有力議員と院長、三者による主導権争い……。地方医療の問題を問う力作医療小説。

梓澤要著
方丈の孤月
―鴨長明伝―

『方丈記』はうまくいかない人生から生まれた！ 挫折の連続のなかで、世の無常を観た鴨長明の不器用だが懸命な生涯を描く。

瀧羽麻子著
うちのレシピ

小さくて、とびきり美味しいレストラン「ファミーユ」。恋すること。働くこと。生きること＝食べること。6つの感涙ストーリー。

望月諒子著
蟻の棲み家

売春をしていた二人の女性が殺された。三人目の殺害予告をした犯人からは、「身代金」が要求され……木部美智子の謎解きが始まる。

千早茜・遠藤彩見
田中兆子・神田茜
深沢潮・柚木麻子
町田そのこ著
あなたとなら食べてもいい
―食のある7つの風景―

秘密を抱えた二人の食卓。孤独な者同士が集う居酒屋。駄菓子が教える初恋の味。7人の作家達の競作に舌鼓を打つ絶品アンソロジー。

新潮文庫最新刊

宮本輝著 堀井憲一郎編
もうひとつの「流転の海」
全巻読了して熊吾ロスになった人も、まだ踏み込めていない人も。「流転の海」の世界を切り取った名短編と傑作エッセイ全15編収録。

乃南アサ著
美麗島紀行
―つながる台湾―
台湾、この島には何かがある。故宮、夜市だけではない何かが――。私たちのよき隣人の知られざる横顔を人気作家が活写する。

文月悠光著
臆病な詩人、街へ出る。
意外と平凡、なのに世間に馴染めない。そんな詩人が未知の現実へ踏み出して……。18歳で中原中也賞を受賞した新鋭のまばゆい言葉。

山極寿一 小川洋子著
ゴリラの森、言葉の海
野生のゴリラを知ることは、ヒトが何者かを自ら知ること――対話を重ねた小説家と霊長類学者からの深い洞察に満ちたメッセージ。

佐藤優著
生き抜くためのドストエフスキー入門
―「五大長編」集中講義―
国際政治を読み解き、ビジネスで生き残るために。最高の水先案内人による現代人のための「使える」ドストエフスキー入門。

「選択」編集部編
日本の聖域《サンクチュアリ》 ザ・コロナ
行き当たりばったりのデタラメなコロナ対策に終始し、国民をエセ情報の沼に放り込んだ責任は誰にあるのか。国の中枢の真実に迫る。

新潮文庫最新刊

土井善晴著
一汁一菜でよいという提案
日常の食事は、ご飯と具だくさんの味噌汁で充分。家庭料理に革命をもたらしたベストセラーが待望の文庫化。食卓の写真も多数掲載。

S・モーム
金原瑞人訳
人間の絆（上・下）
平凡な青年の人生を追う中で、読者は重たい問いに直面する。人生を生きる意味はあるのか――。世界的ベストセラーの決定的新訳。

松岡圭祐著
ミッキーマウスの憂鬱ふたたび
アルバイトの環奈は大きな夢に向かい、一歩ずつ進んでゆく。テーマパークの〈バックステージ〉を舞台に描く、感動の青春小説。

葉室麟著
玄鳥さりて
順調に出世する圭吾。彼を守り遠島となった六郎兵衛。十年の時を経て再会した二人は、敵対することに……。葉室文学の到達点。

飯嶋和一著
星夜航行（上・下）
舟橋聖一文学賞受賞
嫡男を疎んじた家康、明国征服の妄執に囚われた秀吉。時代の荒波に翻弄されながらも、高潔に生きた甚五郎の運命を描く歴史巨編。

西條奈加著
せき越えぬ
箱根関所の番士武藤一之介は親友の騎山から無体な依頼をされる。一之介の決断は。関所を巡る人間模様を描く人情時代小説の傑作。

蘇我氏《そがし》の正体《しようたい》

新潮文庫　せ－13－2

平成二十一年五月一日発行
令和三年十月二十五日十三刷

著者　関《せき》裕《ゆう》二《じ》

発行者　佐藤隆信

発行所　株式会社新潮社

郵便番号　一六二―八七一一
東京都新宿区矢来町七一
電話　編集部(〇三)三二六六―五四四〇
　　　読者係(〇三)三二六六―五一一一
http://www.shinchosha.co.jp

価格はカバーに表示してあります。

乱丁・落丁本は、ご面倒ですが小社読者係宛ご送付ください。送料小社負担にてお取替えいたします。

印刷・株式会社光邦　製本・株式会社植木製本所

ISBN978-4-10-136472-8 C0121